SI LO CREES, LO ERES.

DESCUBRE TU POTENCIAL Y ALCANZA EL EXITO

"El verdadero viaje del crecimiento personal comienza cuando nos atrevemos a mirar dentro de nosotros mismos y descubrir el poder que reside en nuestro interior."

York Norori

Contenido.

Agradecimiento..6

Introducción..7

La Parte que no nos Mencionan..9

Todo Resultado se Verá Reflejado tras la Acción.

Creer-Crear..10

Primero Crees, luego Creas.

Nacido Para Triunfar..12

Desbloquea tu Potencial Empresarial.

Haz lo que te Apasiona..15

Emprende con Pasión..18

Desbloquea tu Potencial Empresarial.

El Mundo Empresarial..21

Una Arena de Resiliencia y Determinación.

El Arte del Riesgo..23

Claves Para El Éxito y La Innovación.

Errores Comunes al Nivel Empresarial..................................32

Cómo Evitarlos Y Triunfar En Tu Negocio.

El Poder del 'No' en el Mundo Empresarial.......................35

Estrategias Para Establecer Límites Y Prioridades.

El costo de hacerlo todo..45

Las Consecuencias del Sobrecargarse en El Mundo Empresarial

Atrayendo el Talento Correcto...57

Cualidades Clave para un Equipo Efectivo.

Diferencia entre un Jefe y un Líder..................................60

Claves para el éxito en el mundo empresarial.

Liderazgo Empresarial..63

Aprendiendo a demandar.

Familia Vs. Empresa..66

La Intersección entre lo Personal y lo Profesional.

Marketing...69

La Base Principal de toda Empresa.

Valor agregado...75

Marca la Diferencia.

Naming Empresarial..80

El Arte de Dar Nombre a Tu Marca.

Branding Empresarial..83

Construyendo Marcas que Impactan y Conectan.

La Autenticidad en las Ventas..93

La Importancia De Vender Lo Que Verdaderamente Se Compraría.

Estrategias profesionales para Mercadear......................96

Identificando a tu Cliente Potencial.................................99

El Arte De La Segmentación.

La Síntesis De Psicología y Mercadeo............................102

Comprendiendo Al Consumidor Y Maximizando El Impacto.

Neuromarketing..105

Aprende a vender de manera estratégica.

Psicología del Color en las Ventas.................................108

Cómo reacciona el cerebro de los consumidores ante los colores.

Tener un Equipo de Atención al Cliente Profesional..........111

Cómo Construir Relaciones Duraderas Y Satisfacción Del Cliente

La Escucha Activa...114

El Secreto Del Éxito En Las Ventas

Palabras Clave En El Mundo De Las Ventas.....................125

Estrategias Para Una Comunicación Efectiva.

Palabras Prohibidas en el Mundo de las Ventas.................128

Un Enfoque En La Comunicación Efectiva

Segmentación en Redes...131

El Secreto Del Éxito En Captación De Clientes

Aprender a Dar Antes de Recibir......................................135

La Importancia del Dar en el Mundo Empresarial

Si lo Crees, lo Eres...138

Para las Personas que Desean Alcanzar el Éxito

Agradecimiento.

Me gustaría iniciar agradeciendo a Dios por la oportunidad de expandir parte de mi conocimiento a otros, cada una de las experiencias buenas o malas me han permitido aprender aún mejor cómo funciona el mundo de los negocios y la importancia de mantener una mentalidad de éxito, gracias por guardarme y levantar mi frente en alto aun en las situaciones difíciles, gracias por crearme como un hombre con propósito.

También agradecer a mi bella esposa, Dra. María Pabla Logo, por su apoyo incondicional, por amarme, por creer en mí, por defenderme, por emprender a mi lado, por ser una líder nata, gracias por secar mis lágrimas cuando fue necesario, por retarme a ser mejor cada día y por estar en cada momento diciéndome que nacimos para grandes cosas, gracias a mi pequeño bebe que viene en camino por motivarme a culminar este material que sabemos será para cambiar a bien la vida de muchas personas.

A mi abuela Dominga Isabel Rivas por el apoyo incondicional sin importar que, gracias por brindarme el conocimiento necesario para mi crecimiento, gracias por no facilitar las cosas y enseñarme a luchar arduamente en la vida para lograr grandes cosas.

A mis tutores Lic. Adolfo Manzanares y Lic. Ditmara López ambos excelentes escritores y que estuvieron siempre atentos a brindar conocimiento para la creación de este libro.

Introducción.

A veces en nuestras vidas enfrentamos el problema de lograr nuestras metas por no darnos cuenta el liderazgo que llevamos dentro de nosotros. Quizás no lo sepamos de inmediato, pero a medida que crecemos, nuestras experiencias, desafíos y éxitos nos enseñan que nuestra profesión impactará el mundo que nos rodea. Este libro es un viaje de autodescubrimiento y empoderamiento porque naciste para ser un líder. A través de estas páginas encontrarás tu propio poder y cómo puedes desarrollarlo para inspirar a otros.
Prepárate para aprovechar tu potencial y encontrar al líder que siempre ha estado dentro de ti.

Tener una visión del éxito en la vida es como dibujar un mapa que te guíe en la oscuridad. Es la brújula que te guía para alcanzar tus sueños y metas más anheladas. Este libro te invita a crear esa visión, explorar diferentes medios que influyen en tu pasión y comprender que la clave del éxito es la combinación de metas, paciencia y alegría. En estas páginas encontrarás herramientas que te ayudarán a definir tu visión, superar obstáculos y convertir cada desafío en una oportunidad.

Prepárate para embarcarte en un viaje de autodescubrimiento y empoderamiento, porque con una visión clara, el éxito no está lejos, habrá lecciones eternas que te iluminarán el camino.

Este libro no solo te abrirá la mente a conocer al líder que hay en ti, sino que también te brindará todas las herramientas necesarias para que inicies ese negocio que siempre has deseado tener o si lo tienes, que lo lleves a otro nivel y no cometas los errores que muchos cometen.

Si eres una persona que se conforma o que sigue la línea cotidiana de la vida (Nacer, crecer, estudiar, trabajar, hacer una familia y jubilarse) "Este libro no es para ti"

Este libro fue creado para Leones y Leonas, personas con sed de crecimiento, esos que quieren marcar la diferencia, que sueñan en grande, a esos que les dicen locos por perseguir sus sueños, si te sientes identificado, este libro fue creado exclusivamente para ti.

"Eres tú primera y más importante inversión: cree en ti mismo y empieza a comportarte como el líder que eres."

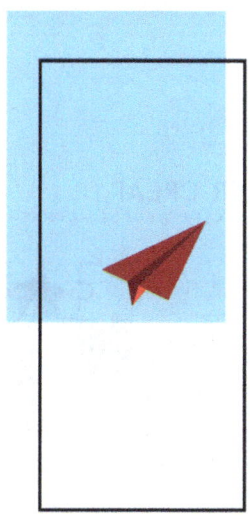

LA PARTE QUE NO NOS MENCIONAN.
TODO RESULTADO SE VERÁ REFLEJADO TRAS LA ACCIÓN.

SI LO CREES, LO ERES

Hoy en día, es muy común escuchar a conferencistas y motivadores empresariales decir: Párate en frente de un espejo y di que eres exitoso, que eres alguien grande, que eres productivo, que vas a lograr ese millón de dólares y muchas cosas más. También es muy común hoy en día escuchar del famoso "Poder de la Manifestación", y es frecuente ahora escuchar personas decir: Manifiesto un carro, manifiesto una casa, manifiesto un negocio próspero etc., etc. La parte que no nos dicen es: ¿Qué sigue después? ¿Nos sentamos de brazos cruzados a esperar que llegue? ¿Manifiesto un carro y luego de eso no busco cómo aumentar mis ingresos para lograrlo?

Algo que me gustaría recalcar en este libro es que primero crees, pero luego creas, no podemos esperar que todo sea por lo que creo y nada más.

Todo resultado positivo se verá reflejado tras la acción y la persistencia.

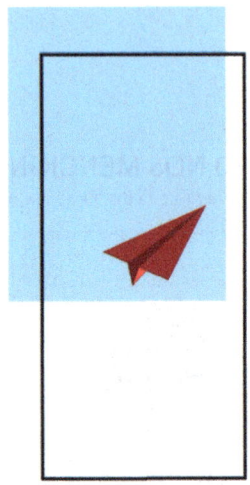

CREER-CREAR
PRIMERO CREES PERO DESPUÉS CREAS.

SI LO CREES, LO ERES

En esta parte me gustaría centrarme en algo básico para que una persona avance y alcance un gran éxito: el valor de transformar una idea en una acción real. Las ideas son la gasolina que mantiene viva la innovación y el cambio. Pero una idea por sí sola no es más que una luz débil en la oscuridad, o como un fuego que debe encenderse para convertirse en una luz brillante que nos conduzca hacia nuestros objetivos y deseos.

Todos hemos tenido momentos en los que tenemos una idea o revelación que es tan profunda y conmueve profundamente nuestra alma. Pero el verdadero milagro se materializa en la situación en la que traducimos nuestros sentimientos en hechos. Es cuando estamos a punto de tomar la decisión de seguir adelante, cuando comienza a aceptar atreverse a soñar y comenzar a darles vida, que emprendemos una trayectoria en la que nuestras capacidades realmente brillan y creamos un cambio real a nuestro alrededor.

Pasar de la idea a la acción requiere coraje, requiere estar dispuesto a todo, requiere dejar en pausa tu rutina diaria, requiere dejar de lado el miedo al fracaso, el miedo al juicio de los demás, y dar un salto hacia lo desconocido con confianza en nuestras habilidades y en la validez de nuestra visión. Pero es precisamente este acto de valentía lo que nos define como individuos diferentes. Es lo que nos impulsa a superar obstáculos, a aprender de nuestros errores y a crecer más allá de nuestras limitaciones autoimpuestas.

No podemos permitir que nuestras ideas se queden atrapadas en la inacción. Debemos darles vida, nutrirlas con trabajo arduo y dedicación, y verlas florecer ante nuestros ojos. Porque cada idea que se convierte en acción es un pequeño paso hacia adelante, un paso más cerca de alcanzar nuestras metas y materializar nuestros sueños más profundos.

Pero más allá de los beneficios personales, la acción también tiene un impacto poderoso en nuestro entorno y en la sociedad en su conjunto. Las grandes transformaciones que han marcado la historia de la humanidad no surgieron de la complacencia o la indecisión, sino de la determinación de personas que se negaron a conformarse y se atrevieron a desafiar la vida.

Así que les insto a todos ustedes a no conformarse, no sean espectadores de la vida, sean actores protagonistas. Atrévanse a convertir sus ideas en acción, a perseguir con fervor aquello en lo que creen y a dejar una huella en el mundo que les rodea.

Recuerden siempre que el verdadero poder de una idea, radica en su capacidad de inspirar acción. Y solo cuando tomamos esa acción, cuando nos comprometemos plenamente con la realización de nuestros sueños, es cuando realmente podemos cambiar el mundo.

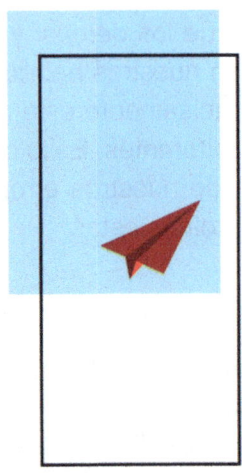

NACIDO PARA TRIUNFAR
DESCUBRIENDO TU POTENCIAL Y ALCANZANDO EL ÉXITO

SI LO CREES, LO ERES

¿Alguna vez te has detenido a pensar en tu propósito en la vida?

¿En lo que realmente eres capaz de lograr si te lo propones?

Cada uno de nosotros nace con un conjunto único de talentos, habilidades y pasiones. Desde el momento en que llegamos a este mundo, llevamos dentro de nosotros el potencial para lograr cosas extraordinarias. Pero a menudo, esa creencia en nuestro propio potencial se ve obstaculizada por el miedo al fracaso, las dudas sobre nuestras capacidades y las expectativas externas.

La pregunta es: **¿las personas nacen o se hacen?**

Durante mucho tiempo se ha discutido sobre si las personas talentosas nacen o se hacen. Algunos argumentan que el talento es innato, algo con lo que se nace, mientras que otros aseguran que el talento se desarrolla a través del esfuerzo y la práctica.

Cuando inicie mi primer negocio, recuerdo que varias personas se acercaban a felicitarme por mi primer logro, sin embargo, al final agregaban: "tu papá es alguien ágil a los negocios, por eso tú eres así". Claramente este tipo de comentarios me inquietaban mucho, ya que no había crecido con él y la verdad me había esforzado mucho por aprender lo necesario y lograr salir adelante con mi negocio, era un crédito que no quería darle a la genética.

Un caso que llama mucho mi atención, es el del señor Pablo Logo, CEO de Fábrica GIOPMAL. Él desde muy temprana edad se dedicó al trabajo y, aunque su papá y algunos de sus hermanos trabajaban la creación del mismo producto, él logró destacarse de manera muy significativa, logró levantarse en cada caída, logró desde muy joven tener una marca muy reconocida a nivel nacional. Un día conversando con él en un desayuno, dado que también es mi suegro, me di cuenta que al escuchar de su trayectoria, es fácil reconocer que tomó el tiempo necesario para crear y perfeccionar su talento, primero cambió su mentalidad y luego proceso sus sueños a través de la acción. Desde muy pequeño entendió que él era alguien diferente a los demás, que él había nacido para salir adelante, esto él lo decidió. Menciona mucho en su testimonio de vida que cuando uno se propone a salir adelante, realmente se puede.

Horas y horas de práctica en su fábrica le ha dado la habilidad de identificar fácilmente cuando algo está mal en el producto, tiene la fácil habilidad de crear nuevos diseños. Y actualmente tiene el mejor calzado del país de Nicaragua, sin duda alguna, un ejemplo a seguir.

Hace años, leí un poco de la teoría de Malcolm Gladwell, donde él nos explica que se necesitan alrededor de 10,000 horas de práctica para dominar una habilidad. Esto significa que, aunque alguien pueda tener una predisposición genética hacia ciertas habilidades, el trabajo duro y la dedicación son fundamentales para alcanzar la excelencia en algo.

Por otra parte, las experiencias juegan un papel crucial en el desarrollo del talento. Las personas que crecen en un ambiente que fomenta la exploración, el aprendizaje y el desarrollo de habilidades tienden a sobresalir en áreas específicas. La exposición temprana a ciertas actividades también puede influir en el desarrollo del talento.

Quiero recordarte hoy, que has nacido para triunfar. Desde el momento en que respiras por primera vez, estás destinado a alcanzar grandes alturas y dejar una huella positiva en el mundo que te rodea. Pero para hacerlo, necesitas creer en ti mismo con todo tu corazón y comprometerte a perseguir tus sueños con pasión y determinación.

El camino hacia el éxito no siempre será fácil. Habrá desafíos, obstáculos, momentos de duda en el camino y muchas veces será necesario llorar. Pero cada uno de esos desafíos es una oportunidad para crecer, aprender y fortalecerse.

Las personas más exitosas no son aquellas que nunca fallan, sino aquellas que se levantan una y otra vez después de cada caída.

No importa cuál sea tu sueño, ya sea convertirte en un empresario exitoso, alcanzar el éxito en tu carrera profesional o hacer una diferencia positiva a los demás, tienes todo lo que necesitas dentro de ti para lograrlo. Confía en tus habilidades, crea una mentalidad de crecimiento y nunca te rindas ante los momentos oscuros.

Así que te desafío hoy a abrazar tu potencial ilimitado y a comprometerte a perseguir tus sueños con valentía y determinación. Recuerda, has nacido para triunfar, y el mundo está esperando ansiosamente por ti y lo que puedes lograr.

¡Vamos juntos a conquistar nuestros sueños y a hacer que cada día cuente en nuestro viaje hacia el éxito! ¡Creer es el primer paso para lograrlo!

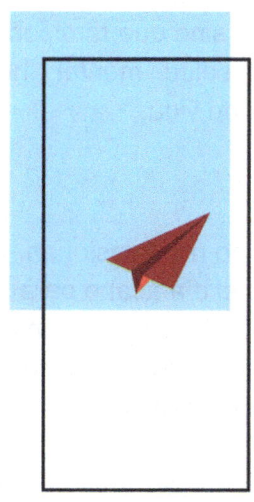

NO HAGAS LO QUE ESTÁ DE MODA,
HAZ LO QUE TE APASIONA.

SI LO CREES, LO ERES

La Importancia de Seguir tus Pasiones

Millones de personas, día a día esperan con ansias que sus horas laborales acaben, muchos renuncian todos los días a sus trabajos en voz baja, miles de personas odian los lunes y aman los viernes, muchas personas se preguntan si eso es todo lo que la vida tenía para ellos, millones de jóvenes estudian carreras que ni siquiera saben si es lo de ellos desean ejercer, otros solo hacen porque sus padres les exigen.

Si te sientes identificado en alguno de los casos anteriores, es momento de tomar acción para un cambio.

En la búsqueda de una vida plena y satisfactoria, a menudo nos encontramos ante la pregunta crucial: ¿qué es lo que realmente nos motiva y nos llena de alegría?

La respuesta a esta pregunta puede estar en la búsqueda y el seguimiento de nuestras pasiones. Hacer lo que nos apasiona no solo nos brinda una sensación de libertad, sino que también puede tener un impacto positivo en nuestra salud mental, nuestras relaciones y nuestro sentido del propósito de vida.

He experimentado trabajar en áreas que no me apasionan. Conocí esa sensación de angustia al esperar que el día acabe para llegar a casa, experimente quejarme los días domingos por sentirse tan cortos y tener que trabajar un lunes, también logre experimentar lo genial que se siente el viernes porque sabes que significa.

Me gustaría recalcar que ningún trabajo es malo, y ninguno es mejor que otro cuando realmente amas lo que haces. Antes de iniciar mi primer negocio, entendí que era momento de trabajar por lo mío, me costó dar el salto, no lo voy a negar, sin embargo, fue una de las mejores decisiones que pude haber tomado en mi vida. Justo cuando empecé a hacer lo que me apasionaba, las horas del día no eran suficiente, quería más y más, los desvelos no se sentían tan mal, los lunes y los viernes se sienten igual, justamente porque cuando amas lo que haces, hacer las tareas no son una carga, son un privilegio, disfrutas el proceso y poco a poco alimentas al líder que hay en ti a ir por más y más.

Seguir nuestras pasiones nos permite vivir una vida auténtica y genuina. Cuando nos comprometemos con actividades que nos apasionan, estamos más alineados con nuestros verdaderos intereses y valores.

Además, hacer lo que nos apasiona puede tener beneficios significativos para nuestra salud mental. Se ha demostrado que participar en actividades que nos apasionan puede reducir el estrés, la ansiedad y la depresión de manera significativa. Cuando estamos inmersos en algo que nos apasiona, nuestra mente se enfoca en el presente, lo que nos permite experimentar un estado en el que perdemos la noción del tiempo y nos sentimos completamente absorbidos por las responsabilidades. Además, el entusiasmo y la energía que irradiamos cuando estamos haciendo lo que nos apasiona, pueden inspirar y motivar a los demás a seguir sus propias pasiones.

Hacer lo que nos apasiona puede infundir a nuestra vida un sentido de propósito y significado. Cuando estamos comprometidos con actividades que nos llenan de alegría y satisfacción, sentimos que nuestra vida tiene un propósito más allá de simplemente cumplir con las responsabilidades diarias. Esta sensación de propósito nos impulsa a superar los obstáculos y a perseverar en la búsqueda de nuestros sueños, incluso cuando enfrentamos desafíos o contratiempos.

Al seguir nuestras pasiones, podemos vivir una vida más auténtica, plena y satisfactoria.

EMPRENDE CON PASIÓN

DESBLOQUEA TU POTENCIAL EMPRESARIAL

SI LO CREES, LO ERES

El viaje hacia el éxito está lleno de desafíos, altibajos y momentos de incertidumbre. Sin embargo, cada obstáculo presenta una oportunidad para crecer, aprender y descubrir nuestro verdadero potencial. En esta parte ayudarte a desbloquear tu creatividad, impulsar tu motivación y convertir tus sueños empresariales en realidad.

Descubre tu Pasión Empresarial

Explora tus intereses, habilidades y valores para identificar la pasión que te impulsa a emprender. Aprende a alinear tus metas empresariales con tus aspiraciones personales y descubre cómo tu pasión puede ser el motor que te impulse a superar los desafíos.

Desarrolla una Mentalidad Emprendedora

Domina las habilidades mentales necesarias para triunfar en el mundo empresarial. Aprende a cultivar la resiliencia, la perseverancia y la mentalidad de crecimiento que te permitirá enfrentar los obstáculos con determinación y optimismo.

Diseña tu Plan de Negocios

Define tu visión empresarial y elabora un plan estratégico que te guíe en el camino hacia el éxito. Descubre cómo identificar tu mercado objetivo, diferenciarte de la competencia y establecer objetivos alcanzables que te acerquen a tu visión.

Construye una Marca Personal Impactante

Aprende a comunicar tu historia y tus valores de manera auténtica y convincente. Descubre cómo construir una marca personal que refleje tu pasión y conecte con tu audiencia, generando lealtad y confianza en tu empresa.

Domina el Arte de la Innovación

Cultiva la creatividad y la innovación como pilares fundamentales de tu negocio. Aprende a identificar oportunidades, generar ideas disruptivas y adaptarte rápidamente a los cambios del mercado para mantener tu empresa relevante y competitiva.

Supera los Obstáculos y las Adversidades

Afronta los desafíos con valentía y determinación. Descubre cómo convertir los fracasos en lecciones de aprendizaje, mantener la motivación en tiempos difíciles y encontrar soluciones creativas a los problemas que enfrentas en tu camino hacia el éxito.

Construye una Red de Apoyo y Colaboración

Nadie triunfa en solitario. Aprende a construir relaciones sólidas y colaborativas que te brinden apoyo, orientación y oportunidades de crecimiento. Descubre cómo rodearte de mentores, socios y aliados que compartan tu visión y te impulsen a alcanzar tus metas empresariales.

Celebra tus Logros y Cultiva la Gratitud

Reconoce y celebra cada paso hacia el éxito. Aprende a cultivar la gratitud por el viaje emprendedor, valorando cada experiencia, aprendizaje y logro que te acerque a tus sueños empresariales.

Continúa el Viaje

El viaje emprendedor es un camino continuo de crecimiento, aprendizaje y evolución. Recuerda que el éxito no es un destino final, sino un viaje lleno de descubrimientos y oportunidades. Sigue adelante con pasión, determinación y un espíritu de innovación, y nunca pierdas de vista tu capacidad para crear un impacto positivo en el mundo a través de tu empresa.

Recuerda que el viaje emprendedor es único para cada persona, pero con pasión, perseverancia y un compromiso inquebrantable con tu visión, no hay límite para lo que puedes lograr. ¡Emprende con pasión y haz realidad tus sueños empresariales!

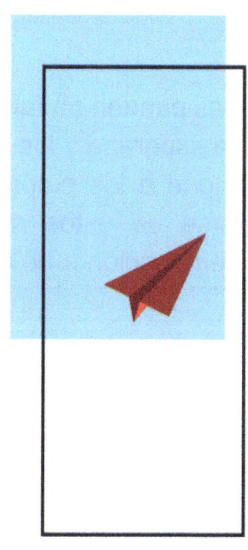

EL MUNDO EMPRESARIAL
UNA ARENA DE RESILIENCIA Y DETERMINACIÓN

SI LO CREES, LO ERES

La vida empresarial es conocida por su competitividad feroz, sus desafíos constantes y sus innumerables obstáculos. En este entorno, la capacidad de recuperarse de los fracasos y perseverar a pesar de las adversidades es esencial para el éxito. La frase "no importa cuántas veces caigas, sino cuántas veces te levantes" encaja perfectamente la importancia de la resiliencia en el mundo empresarial.

La Naturaleza Agresiva del Mundo Empresarial:

En el mundo empresarial, la competencia es feroz y las oportunidades pueden ser fugaces. Las empresas compiten por la atención del cliente, la cuota de mercado y los recursos limitados. En este ambiente agresivo, incluso las empresas más exitosas enfrentan desafíos constantes, desde cambios en el mercado hasta la aparición de nuevos competidores.

La Importancia de la Resiliencia:

Enfrentarse al fracaso es inevitable. Las ideas pueden no funcionar, los productos pueden no despegar como se esperaba y los errores pueden ocurrir. Sin embargo, lo que distingue a los empresarios exitosos es su capacidad para recuperarse de estos reveses, aprender de ellos y seguir adelante con determinación renovada.

Aprendizaje a Través del Fracaso:

Cada fracaso empresarial presenta una oportunidad para el crecimiento y el aprendizaje. Los empresarios deben adoptar una mentalidad de aprendizaje, reconociendo que incluso los fracasos más dolorosos pueden contener lecciones valiosas que los preparará mejor para el futuro.

La Importancia de la Persistencia:

Los desafíos pueden parecer insuperables en ocasiones, pero los empresarios exitosos perseveran a través de la adversidad. Están dispuestos a enfrentarse a la incertidumbre, a seguir adelante cuando otros se rinden y a buscar soluciones creativas a los problemas.

Celebrando el Éxito a Través de la Resiliencia:

El éxito empresarial rara vez viene fácilmente. Detrás de cada empresa exitosa hay una historia de lucha, fracaso y perseverancia. Los empresarios que se mantienen firmes a pesar de los desafíos son los que finalmente alcanzan el éxito y dejan su marca en el mundo empresarial.

EL ARTE DEL RIESGO EMPRESARIAL

CLAVES PARA EL ÉXITO Y LA INNOVACIÓN

SI LO CREES, LO ERES

El riesgo es una constante que define el camino hacia el éxito y la innovación. En esta parte me gustaría hablarte de cómo el arte de asumir riesgos calculados puede impulsar el crecimiento empresarial, fomentar la innovación y llevar a resultados significativos y duraderos.

La Importancia de Adoptar una Mentalidad de Riesgo

En un mundo en constante cambio y evolución, la adopción de una mentalidad de riesgo se ha convertido en un componente esencial para el éxito en cualquier ámbito de la vida. Esta mentalidad no solo implica estar consciente de los riesgos inherentes a cualquier empresa o decisión, sino también abrazar la incertidumbre y la posibilidad de fracaso como oportunidades de crecimiento y aprendizaje.

Una mentalidad de riesgo fomenta la innovación y la creatividad al desafiar el status quo y buscar nuevas formas de abordar problemas. Aquellos que están dispuestos a asumir riesgos calculados son más propensos a alcanzar el éxito a largo plazo, ya que están dispuestos a salir de su zona de confort y enfrentar desafíos con valentía y determinación.

Además, adoptar una mentalidad de riesgo fomenta la resiliencia y la capacidad de adaptación frente a situaciones adversas. En un mundo donde la única constante es el cambio, aquellos que pueden adaptarse rápidamente a nuevas circunstancias y aprender de sus errores son los que prosperan.

Sin embargo, es importante destacar que una mentalidad de riesgo no implica actuar de manera imprudente o temeraria. En cambio, se trata de evaluar cuidadosamente los riesgos y recompensas potenciales antes de tomar decisiones informadas. Esto requiere un equilibrio entre la audacia y la prudencia, así como la capacidad de reconocer cuándo es necesario ajustar el curso o incluso retirarse de una situación de alto riesgo, esta parte la aprendí a las malas y mi esposa me lo recordó muchas veces.

La adopción de una mentalidad de riesgo es crucial para aprovechar al máximo las oportunidades, fomentar la innovación y la resiliencia, y alcanzar el éxito a largo plazo. Aquellos que se atreven a enfrentar lo desconocido con valentía y determinación son los que están mejor equipados para triunfar en un entorno cada vez más impredecible.

Identificación de Oportunidades:

La identificación de oportunidades es un aspecto fundamental para el éxito empresarial. La capacidad de reconocer y capitalizar oportunidades emergentes puede marcar la diferencia entre el crecimiento y el estancamiento, entre el éxito y el fracaso.

La identificación de oportunidades implica estar constantemente alerta a los cambios en el mercado, las tendencias del consumidor, las tecnologías emergentes y las necesidades no satisfechas. Aquellos que son capaces de anticipar y adaptarse a estos cambios son los que pueden aprovechar al máximo las oportunidades antes de que se vuelvan obvias para todos.

Sin embargo, identificar oportunidades va más allá de simplemente observar lo que está sucediendo en el exterior. También implica introspección y autoevaluación para descubrir habilidades, recursos y ventajas competitivas que pueden ser aprovechados de manera innovadora.

Además, la identificación de oportunidades requiere una mentalidad abierta y receptiva, dispuesta a cuestionar suposiciones y explorar nuevas posibilidades. Aquellos que están demasiado arraigados en el status quo o temerosos del cambio corren el riesgo de perder oportunidades valiosas que podrían impulsar su negocio hacia adelante.

Por otro lado, la identificación de oportunidades no se trata solo de encontrar ideas brillantes, sino también de tener la capacidad y la determinación para convertirlas en realidad. Esto implica planificación estratégica, gestión de riesgos, ejecución eficiente y perseverancia para superar los obstáculos que inevitablemente surgirán en el camino.

La identificación de oportunidades es un proceso continuo y multifacético que requiere visión, adaptabilidad, creatividad y acción. Aquellos que dominan este arte son los que están mejor posicionados para navegar con éxito por un entorno empresarial en constante cambio y alcanzar nuevas alturas de crecimiento y prosperidad.

La gestión de riesgo:
La gestión de riesgos en una empresa es un proceso integral diseñado para identificar, evaluar y mitigar los riesgos potenciales que pueden afectar sus operaciones, proyectos o activos. Aquí te explico cómo funciona:

1. **Identificación de riesgos:** Este es el primer paso, donde se identifican todos los posibles riesgos que podrían afectar a la empresa. Esto puede incluir riesgos financieros, operativos, legales, de seguridad, de reputación, entre otros. Se puede utilizar una variedad de técnicas, como análisis de riesgos, auditorías, y consultas con expertos y partes interesadas.

2. **Evaluación de riesgos:** Una vez identificados los riesgos, se evalúa su probabilidad de ocurrencia y el impacto potencial que tendrían en la empresa. Esto ayuda a priorizar los riesgos y determinar cuáles requieren una atención inmediata.

3. **Desarrollo de estrategias de mitigación:** Con base en la evaluación de riesgos, se desarrollan estrategias para mitigar o reducir los riesgos identificados. Esto puede incluir medidas preventivas, planes de contingencia, seguros, diversificación de riesgos, entre otros.

4. **Implementación de medidas de control:** Una vez desarrolladas las estrategias de mitigación, se implementan medidas de control para reducir los riesgos a niveles aceptables. Esto puede implicar cambios en los procesos, políticas y procedimientos de la empresa.

5. **Monitoreo y revisión continua:** La gestión de riesgos es un proceso continuo que requiere monitoreo constante y revisión periódica. Se deben establecer mecanismos para monitorear la efectividad de las medidas de control implementadas y ajustarlas

según sea necesario en función de cambios en el entorno empresarial o nuevos riesgos identificados.

La gestión de riesgos en una empresa funciona mediante la identificación, evaluación, mitigación y monitoreo continuo de los riesgos potenciales para proteger los intereses de la empresa y mejorar su capacidad para enfrentar los desafíos en un entorno empresarial dinámico y complejo.

Innovación y Creatividad:
En el mundo empresarial actual, caracterizado por cambios rápidos y una competencia feroz, la innovación y la creatividad se han convertido en pilares fundamentales para el éxito de cualquier organización. Estos dos elementos no sólo impulsan el crecimiento y la rentabilidad, sino que también fomentan la diferenciación, la adaptabilidad y la sostenibilidad a largo plazo. A continuación, se exploran algunas razones por las cuales la innovación y la creatividad son esenciales en el mundo empresarial:

1. Diferenciación competitiva: En un mercado saturado, la capacidad de innovar y crear productos o servicios únicos y diferenciados es crucial para destacar entre la multitud. Las empresas que ofrecen algo nuevo y emocionante tienen más probabilidades de atraer a clientes y mantener su lealtad a largo plazo.

2. Adaptabilidad al cambio: La innovación y la creatividad permiten a las empresas adaptarse rápidamente a los cambios en el entorno empresarial, como las nuevas tecnologías, las tendencias del mercado y las regulaciones gubernamentales. Aquellas organizaciones que son flexibles y pueden pivotar rápidamente tienen una ventaja competitiva significativa sobre sus competidores más rígidos.

3. Resolución de problemas complejos: La creatividad es esencial para abordar los desafíos empresariales complejos de manera innovadora. Al fomentar un ambiente donde se valoren las ideas creativas y se promueva el pensamiento lateral, las empresas pueden encontrar soluciones únicas y eficaces para los problemas que enfrentan.

4. Mejora continua: La innovación y la creatividad alimenta la mejora continua dentro de una organización. Al alentar a los empleados a cuestionar el status quo y buscar constantemente formas de hacer las cosas mejor, las empresas pueden mantenerse a la vanguardia de su industria y garantizar su relevancia a largo plazo.

5. Cultura empresarial atractiva: Las empresas que fomentan la innovación y la creatividad tienden a atraer y retener a los mejores talentos. Los empleados buscan entornos de trabajo que les permitan expresar su creatividad, experimentar con nuevas ideas y contribuir de manera significativa al éxito de la empresa.

La innovación y la creatividad son elementos esenciales para el éxito empresarial en el mundo actual. Al priorizar estos aspectos y crear una cultura que los fomente, las empresas pueden impulsar el crecimiento, la diferenciación competitiva y la sostenibilidad a largo plazo en un entorno empresarial cada vez más desafiante y competitivo.

Cuando enfrentas un fracaso en la empresa, es importante abordarlo de manera constructiva y aprovecharlo como una oportunidad de aprendizaje y crecimiento. Aquí hay algunas acciones que puedes tomar si experimentas un fracaso:

1. Analiza la situación: Tómate el tiempo para reflexionar sobre lo que salió mal y por qué. Examina detalladamente los factores que contribuyeron al fracaso, como decisiones erróneas, falta de recursos, o factores externos. Esto te ayudará a comprender mejor la situación y a identificar áreas de mejora para el futuro.

2. Asume la responsabilidad: Es importante ser honesto contigo mismo y asumir la responsabilidad por tus acciones o decisiones que contribuyeron al fracaso. Reconocer tus errores te permitirá aprender de ellos y evitar repetirlos en el futuro.

3. Aprende del fracaso: En lugar de ver el fracaso como algo negativo, cámbiale el enfoque y considéralo como una oportunidad de aprendizaje. Identifica las lecciones clave que puedes extraer de la experiencia y cómo puedes aplicarlas para mejorar en el futuro.

4. Busca retroalimentación: No tengas miedo de pedir retroalimentación a colegas, supervisores u otros miembros del equipo. Sus perspectivas pueden ofrecerte una visión diferente de la situación y ayudarte a identificar áreas de mejora que quizás no hayas considerado.

5. Haz ajustes y sigue adelante: Utiliza las lecciones aprendidas para hacer ajustes en tus estrategias, procesos o enfoques. Luego, establece un plan de acción para seguir adelante y abordar los desafíos con renovada determinación y una mayor comprensión de lo que se necesita para tener éxito.

6. Mantén una mentalidad positiva: Es importante mantener una actitud positiva y optimista frente al fracaso. Recuerda que el fracaso es parte del proceso de crecimiento y desarrollo, y que incluso los empresarios más exitosos han enfrentado fracasos en algún momento de sus carreras. Enfócate en aprender y crecer a partir de la experiencia, en lugar de dejar que te desmoralice.

Enfrentar un fracaso en la empresa puede ser desafiante, pero también puede ser una oportunidad para aprender, crecer y mejorar. Al adoptar una actitud positiva, asumir la responsabilidad, aprender de la experiencia y seguir adelante con determinación, puedes convertir el fracaso en un trampolín para el éxito futuro.

Ejemplos de Éxito y Fracaso:

Hace unos años conocí a una joven muy visionaria en Costa Rica y me gustaría contarles un poco de su testimonio de éxito después de enfrentar un fracaso empresarial.

Años atrás ella decidió lanzar su propia empresa de servicios de consultoría en marketing digital. Estaba emocionada por la oportunidad de ser su propia jefa y hacer realidad sus sueños empresariales.

Sin embargo, a pesar de su arduo trabajo y dedicación, la empresa no logró despegar como había esperado. se enfrentó a una serie de desafíos, desde la falta de clientes hasta dificultades financieras. Después de varios intentos fallidos por salvar su negocio, finalmente se vio obligada a cerrarlo.

El fracaso fue devastador y se sentía abrumada por la vergüenza y la decepción. Sin embargo, ella decidió no dejarse vencer por la adversidad y en lugar de eso, eligió verlo como una oportunidad para aprender y crecer.

Comenzó a reflexionar sobre lo que salió mal y las lecciones que podía extraer de la experiencia. se dio cuenta de que había subestimado la importancia de mejorar sus habilidades de gestión financiera.

Decidió volver a trabajar en una empresa de marketing digital para adquirir más experiencia y conocimientos. Durante este tiempo, aprovechó cada oportunidad para aprender de sus colegas y mejorar sus habilidades. También se inscribió en cursos de capacitación en línea y asistió a conferencias y seminarios relacionados con su campo.

Después de varios años de arduo trabajo y dedicación, se sentía lista para intentarlo nuevamente. Esta vez, armada con un plan de negocios más sólido y una mayor experiencia, lanzó una nueva empresa de marketing digital.

Para su sorpresa y alegría, esta vez las cosas fueron diferentes. Su empresa comenzó a crecer de manera constante y empezó a obtener clientes satisfechos. Con el tiempo, su negocio prosperó y logró convertirlo en una empresa exitosa y rentable.

Hoy en día, ella mira hacia atrás en su fracaso inicial como una experiencia invaluable que le ayudó a crecer y fortalecerse como empresaria.

El fracaso no es el final del camino, sino simplemente una parte inevitable del viaje hacia el éxito. Si estás dispuesto a aprender de tus errores y perseverar, nada puede detenerte en tu camino hacia tus metas y sueños empresariales.

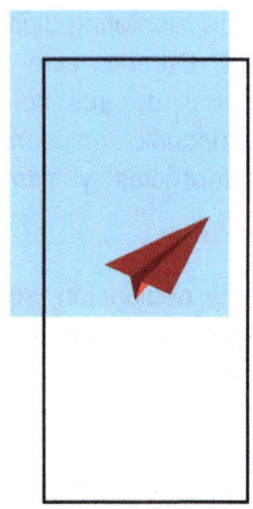

ERRORES COMUNES EN EL MUNDO EMPRESARIAL

CÓMO EVITARLOS Y TRIUNFAR EN TU NEGOCIO

SI LO CREES, LO ERES

En este mundo, cada paso que damos puede significar la diferencia entre el éxito y el fracaso. Sin embargo, incluso los empresarios más experimentados pueden cometer errores que obstaculizan su progreso y limitan el potencial de su negocio. A continuación, se presentan algunos de los errores más comunes en el mundo empresarial y cómo evitarlos:

Falta de Planificación:

   - Uno de los errores más comunes que cometemos es lanzarnos a la acción sin un plan detallado. La falta de un plan de negocios sólido nos puede llevar a decisiones impulsivas y a una dirección poco clara para el negocio. Para evitar este error, tomemos el tiempo necesario para desarrollar un plan estratégico que defina los objetivos, identifique al público objetivo, analice la competencia y establezca un plan de acción claro.

No Conocer a tu Cliente:
- Otro error frecuente es no entender las necesidades y deseos del cliente. Sin un conocimiento profundo del mercado objetivo, es difícil crear productos o servicios que resuelvan problemas reales y satisfagan las necesidades de los clientes. Realiza una investigación de mercado exhaustiva para comprender a tu audiencia, sus comportamientos de compra y sus preferencias.

Mal Manejo de Finanzas:
- La mala gestión de las finanzas es un error que puede tener consecuencias devastadoras para un negocio. Esto incluye no llevar un registro adecuado de los ingresos y gastos, no presupuestar correctamente y no mantener una reserva de efectivo para emergencias. Asegúrate de llevar una contabilidad precisa y de contar con un plan financiero sólido para mantener la salud financiera de tu empresa.

Falta de Enfoque en el Cliente:
- Centrarse exclusivamente en la maximización de las ganancias, en lugar de en la satisfacción del cliente, es otro error común en el mundo empresarial. Recuerda que el éxito a largo plazo de tu negocio depende en gran medida de la lealtad y la satisfacción del cliente. Prioriza la experiencia del cliente y busca constantemente formas de mejorar y superar sus expectativas.

Sam Walton fundador de Walmart dijo:
Sólo hay un jefe: el cliente. Y puede despedir a toda la gente de la empresa, del presidente al conserje, simplemente llevando su dinero para gastar en otro lugar."

Resistencia al Cambio:
- En un mundo empresarial la resistencia al cambio puede ser perjudicial para el éxito de tu negocio. Aferrarse a prácticas obsoletas o negarse a adaptarse a nuevas tecnologías y tendencias

del mercado puede dejar a tu empresa rezagada frente a la competencia. Mantente abierto al cambio y dispuesto a innovar para mantener tu negocio relevante y competitivo.

Falta de Persistencia:
- El camino hacia el éxito empresarial está lleno de obstáculos y desafíos. La falta de persistencia es uno de los errores más graves que pueden cometer los empresarios, ya que pueden rendirse demasiado pronto frente a la adversidad. Mantén una actitud positiva, aprende de tus errores y sigue adelante con determinación incluso en los momentos difíciles.

Evitar estos errores comunes en el mundo empresarial puede marcar la diferencia entre el éxito y el fracaso de tu negocio. Mantén un enfoque centrado en el cliente, planifica con anticipación, gestiona tus finanzas con cuidado y mantente flexible y abierto al cambio. Con determinación y perseverancia, puedes superar los obstáculos y alcanzar tus metas empresariales.

EL PODER DEL 'NO' EN EL MUNDO EMPRESARIAL
ESTRATEGIAS PARA ESTABLECER LÍMITES Y PRIORIDADES

SI LO CREES, LO ERES

En el entorno empresarial actual, la capacidad de decir "no" de manera efectiva es esencial para mantener el enfoque, establecer límites saludables y alcanzar el éxito a largo plazo. En este libro, me gustaría hablarte un poco del arte del "no" en el mundo empresarial y también te proporcionare estrategias prácticas para dominar esta habilidad crucial.

Comprender la importancia de saber decir no en ocasiones es fundamental para mantener el equilibrio, la productividad y el bienestar en diversas áreas de la vida, incluyendo el ámbito personal y profesional. Aquí hay algunas razones por las que saber decir no es importante:

1. Establecer límites: Decir no te permite establecer límites saludables en tus relaciones personales y profesionales. Al hacerlo, puedes proteger tu tiempo, energía y recursos, evitando el agotamiento y el resentimiento que pueden surgir al asumir demasiadas responsabilidades o compromisos.

2. Priorizar tus objetivos: Decir no te ayuda a priorizar tus objetivos y actividades más importantes. Al rechazar solicitudes o proyectos que no están alineados con tus metas y valores, puedes concentrarte en lo que realmente importa y hacer un mejor uso de tu tiempo y recursos.

3. Evitar el exceso de trabajo: Aceptar constantemente nuevas tareas o responsabilidades puede llevarte a sentirte abrumado y estresado. Decir no en ocasiones te permite evitar el exceso de trabajo y mantener un equilibrio saludable entre tu vida laboral y personal.

4. Respetar tus necesidades: Decir no te ayuda a respetar tus propias necesidades y prioridades. Es importante reconocer cuándo necesitas tiempo para descansar, relajarte o dedicarte a actividades que te brinden alegría y satisfacción personal.

5. Fomentar relaciones más honestas: Decir no de manera honesta y respetuosa puede fortalecer tus relaciones personales y profesionales al establecer una comunicación clara y transparente. Esto puede ayudar a construir relaciones basadas en la confianza y el respeto mutuo.

6. Desarrollar tu capacidad de toma de decisiones: Decir no te brinda la oportunidad de practicar y desarrollar tu capacidad de toma de decisiones. Aprender a evaluar cuidadosamente las solicitudes y compromisos antes de aceptarlos te ayuda a tomar decisiones más informadas y conscientes.

Comprender la importancia de saber decir no en ocasiones te ayuda a establecer límites, priorizar tus objetivos, evitar el exceso de trabajo, respetar tus necesidades, fomentar relaciones más honestas y desarrollar tu capacidad de toma de decisiones. Al aprender a decir no de manera asertiva y respetuosa, puedes mejorar tu calidad de vida y alcanzar un mayor equilibrio y satisfacción en todas las áreas de tu vida.

Aprender a identificar prioridades y oportunidades:
En el mundo empresarial es crucial para el éxito a largo plazo de cualquier organización. Aquí hay algunas estrategias para ayudarte a desarrollar esta habilidad:

1. Clarifica tus objetivos: Antes de poder identificar prioridades y oportunidades, es importante tener una comprensión clara de los objetivos y metas de tu empresa. ¿Qué es lo que quieres lograr a corto y largo plazo? Define tus objetivos con claridad para poder enfocar tus esfuerzos en las áreas que te llevarán más cerca de ellos.

2. Analiza el entorno: Mantente al tanto de las tendencias del mercado, los cambios en la industria y las oportunidades emergentes. Esto te ayudará a identificar oportunidades de crecimiento y expansión para tu empresa. Mantén una mente abierta y sé receptivo a nuevas ideas y enfoques innovadores.

3. Evalúa los recursos disponibles: Analiza los recursos disponibles, como capital, talento humano, tecnología y redes de contactos. Identifica dónde puedes aprovechar al máximo estos recursos para maximizar tus oportunidades de éxito. Priorizar aquellos proyectos o iniciativas que sean factibles dadas las limitaciones de recursos.

4. Establece criterios de priorización: Desarrolla criterios claros para evaluar y priorizar las oportunidades y proyectos disponibles. Considera factores como el potencial de retorno de la inversión, el alineamiento con los objetivos estratégicos de la empresa y la viabilidad a corto y largo plazo. Esto te ayudará a tomar decisiones más informadas y efectivas.

5. Haz un análisis de riesgos: Antes de comprometerte con una nueva oportunidad, realiza un análisis de riesgos para evaluar los posibles obstáculos y desafíos que podrían surgir. Esto te permitirá anticipar posibles problemas y tomar medidas proactivas para mitigarlos o gestionarlos de manera efectiva.

6. Prioriza la ejecución: Una vez que hayas identificado tus prioridades y oportunidades, enfócate en la ejecución efectiva. Desarrolla un plan de acción claro y asigna los recursos necesarios para llevar a cabo tus iniciativas de manera eficiente y oportuna.

Aprender a identificar prioridades y oportunidades en el mundo empresarial requiere una combinación de visión estratégica, análisis cuidadoso y ejecución efectiva. Al seguir estas estrategias y mantenerse enfocado en lo que realmente importa, podrás maximizar las oportunidades de éxito y crecimiento para tu empresa.

Desarrollar habilidades de comunicación Asertiva:
Aprender a decir no cuando sea necesario son aspectos fundamentales para establecer límites saludables y mantener relaciones efectivas tanto en el ámbito personal como profesional. Aquí hay algunas estrategias para lograrlo:

1. Practica la escucha activa: La comunicación asertiva comienza con la capacidad de escuchar atentamente a los demás. Presta atención a lo que dicen y muestra interés genuino en sus puntos de vista y necesidades. Haz preguntas claras para demostrar que estás comprometido con la conversación y comprendes sus preocupaciones.

2. Expresa tus opiniones y sentimientos de manera clara y directa: Cuando necesites comunicar tus propias ideas o sentimientos, hazlo de manera clara, directa y respetuosa. Evita la vaguedad o la ambigüedad y sé específico en lo que estás tratando de transmitir. Utiliza un lenguaje asertivo y evita ser agresivo o pasivo en tus comunicaciones.

3. Aprende a decir no de manera asertiva: Practica decir no de manera firme pero amable cuando necesites establecer límites o proteger tu tiempo y energía. Reconoce la solicitud o el compromiso, explica tu razón para declinar y ofrece alternativas o soluciones cuando sea posible. Por ejemplo, podrías decir: "Aprecio la oportunidad, pero en este momento no tengo la capacidad para asumir este proyecto. ¿Podríamos buscar una solución juntos?"

4. Practica el autocontrol emocional: Aprende a manejar tus emociones de manera efectiva durante las conversaciones difíciles. Mantén la calma y evita reaccionar impulsivamente frente a situaciones estresantes o desafiantes. Toma un momento para respirar profundamente y pensar antes de responder, especialmente si estás experimentando emociones intensas como la ira o la frustración.

5. Desarrolla empatía: Intenta ponerte en el lugar de la otra persona y entender su perspectiva y necesidades. Esto te ayudará a comunicarte de manera más efectiva y a encontrar soluciones mutuamente beneficiosas durante las interacciones difíciles.

6. Practica el autocuidado: Establece límites claros en tu vida personal y profesional y prioriza tu bienestar emocional y mental. Aprende a reconocer cuándo necesitas tiempo para ti mismo y no tengas miedo de decir no a compromisos que puedan afectar tu salud y felicidad.

Desarrollar habilidades de comunicación asertiva y aprender a decir no de manera efectiva requiere práctica y autoconciencia. Al centrarte en la claridad, el respeto mutuo y el establecimiento de límites saludables, podrás establecer relaciones más sólidas y satisfactorias en todas las áreas de tu vida.

Superar el Miedo al Rechazo y la Culpa
El miedo al rechazo y la culpa son emociones poderosas que pueden afectar significativamente la productividad y el bienestar en el entorno laboral. La gestión de emociones en la empresa es crucial para fomentar un ambiente de trabajo saludable, promover la resiliencia y mejorar la toma de decisiones. Al comprender y abordar estas emociones, los líderes pueden cultivar equipos más cohesionados, creativos y eficientes. Además, una gestión efectiva de las emociones puede ayudar a reducir el estrés, mejorar la comunicación y fortalecer las relaciones interpersonales en el lugar de trabajo.

Implementar Sistemas y Procesos de Priorización
Implementar sistemas y procesos de priorización laboral puede ser fundamental para mejorar la eficiencia y la efectividad en el trabajo. Aquí hay algunos pasos que puedes seguir para implementarlos:

1. Evaluar las tareas: Comienza por hacer una lista de todas las tareas que deben realizarse en un período determinado. Esto puede incluir proyectos, reuniones, correos electrónicos, etc.

2. Establecer criterios de priorización: Define criterios claros para determinar qué tareas son más importantes. Esto podría incluir plazos, impacto en los objetivos empresariales, urgencia, nivel de dificultad, etc.

3. Clasificar las tareas: Utiliza los criterios establecidos para clasificar las tareas en función de su prioridad. Puedes utilizar métodos como la matriz de Eisenhower (urgente/importante), la matriz de valor (impacto/effort) u otros enfoques similares.

4. Asignar recursos: Una vez que hayas priorizado las tareas, asigna los recursos necesarios (tiempo, personal, herramientas) para completarlas de manera efectiva.

5. Comunicar las prioridades: Asegúrate de que todo el equipo esté al tanto de las prioridades establecidas. Esto puede incluir la comunicación regular sobre los objetivos y plazos, así como la disponibilidad de recursos.

6. Seguimiento y ajuste: Revisa regularmente el progreso hacia las tareas prioritarias y ajusta si es necesario. Esto puede implicar reevaluar las prioridades en función de los cambios en el entorno laboral o en los objetivos empresariales.

7. Capacitación y retroalimentación: Proporciona capacitación a los miembros del equipo sobre cómo priorizar efectivamente su trabajo y fomenta un ambiente donde se valore la retroalimentación sobre el proceso de priorización.

8. Automatización y herramientas: Considera la posibilidad de utilizar herramientas y software de gestión de proyectos que puedan ayudar en la priorización y seguimiento de tareas, como Trello, Asana o Jira.

Al implementar estos pasos, podrás crear un sistema sólido para priorizar el trabajo de manera efectiva, lo que puede conducir a una mayor productividad y resultados más satisfactorios en la empresa.

Manejar las Consecuencias del "No"
El "no" en el mundo laboral puede ser desafiante, pero es fundamental para mantener relaciones profesionales saludables y efectivas. Aquí hay algunas estrategias para manejar estas situaciones:

1. Aceptar el rechazo de manera profesional: Reconoce que el rechazo es una parte natural del mundo laboral y no lo tomes como algo personal. Mantén una actitud profesional y objetiva frente a la situación.

2. Entender las razones detrás del "no": Trata de comprender las razones detrás del rechazo. Puede ser útil solicitar retroalimentación constructiva para aprender y mejorar en el futuro.

3. Buscar alternativas y soluciones: Si recibes un "no" a una propuesta o solicitud, no te rindas fácilmente. En lugar de eso, busca alternativas y soluciones que puedan abordar las preocupaciones o limitaciones que llevaron al rechazo inicial.

4. Negociar cuando sea posible: Si es apropiado, considerar la posibilidad de negociar con la otra parte para encontrar un compromiso que sea mutuamente beneficioso.

5. Aprender y crecer: Utiliza cada experiencia de rechazo como una oportunidad para aprender y crecer profesionalmente. Reflexiona sobre lo sucedido, identifica lecciones aprendidas y utiliza ese conocimiento para mejorar en el futuro.

6. Mantener una actitud positiva y perseverar: Mantén una actitud positiva y perseverante frente al rechazo. Recuerda que el éxito en el mundo laboral a menudo requiere persistencia y resiliencia.

7. Buscar apoyo: Si te sientes abrumado por el rechazo, busca apoyo en tus colegas, mentor/es o redes profesionales. A veces, compartir tus experiencias y recibir retroalimentación externa puede ayudarte a superar los desafíos.

Manejar las consecuencias del "no" en el mundo laboral requiere aceptación, comprensión, flexibilidad y perseverancia. Al adoptar una actitud profesional y aprender de cada experiencia, puedes convertir el rechazo en una oportunidad para crecer y mejorar.

Mantener el Equilibrio entre el "Sí" y el "No"
Mantener un equilibrio entre el "sí" y el "no" en el trabajo es crucial para mantener la eficiencia, la salud mental y las relaciones profesionales. Aquí hay algunas estrategias para lograrlo:

1. Establecer límites claros: Define tus límites personales y profesionales y sé consciente de cuándo es apropiado decir "sí" y cuándo es necesario decir "no".

2. Priorizar tus objetivos: Antes de comprometerte con nuevas tareas o proyectos, asegúrate de que estén alineados con tus objetivos y prioridades. Esto te ayudará a tomar decisiones más informadas sobre qué aceptar y qué rechazar.

3. Aprender a delegar: Si te encuentras abrumado con demasiadas responsabilidades, aprende a delegar tareas a otros miembros del equipo. Delegar no sólo te ayuda a mantener un equilibrio, sino que también fomenta el desarrollo profesional de tus colegas.

4. Practicar la comunicación asertiva: Aprende a comunicarte de manera clara y asertiva al decir "no". Explica tus razones de manera respetuosa y ofrece alternativas si es posible.

5. Evaluar el impacto: Antes de decir "sí" o "no", considera el impacto que tendrá tu decisión en ti mismo, en tu equipo y en el proyecto en general. Esto te ayudará a tomar decisiones más equilibradas y conscientes.

6. Aprender a decir "sí" con moderación: Aunque es importante ser capaz de decir "no", también es crucial estar dispuesto a decir "sí" a oportunidades que te permitan crecer y desarrollarte profesionalmente. Solo asegúrate de no comprometerte en exceso.

7. Cuidar tu bienestar: Prioriza tu bienestar físico y mental. Si aceptar más responsabilidades compromete tu salud o tu calidad de vida, es importante tener la fuerza para decir "no" y priorizar tu bienestar.

8. Reevaluar regularmente: Revisa periódicamente tu carga de trabajo y tus compromisos para asegurarte de que estás manteniendo un equilibrio saludable entre el "sí" y el "no". Ajusta tus compromisos según sea necesario.

Al practicar estas estrategias, podrás mantener un equilibrio saludable entre aceptar nuevas oportunidades y establecer límites adecuados para mantener tu bienestar y productividad en el trabajo.

Los principios clave presentados en el libro, ofrece consejos para dominar el arte del "no" en el mundo empresarial. Al aprender a establecer límites claros, identificar prioridades y comunicarse de manera efectiva, los líderes empresariales pueden tomar el control de sus agendas y alcanzar nuevos niveles de éxito y satisfacción profesional.

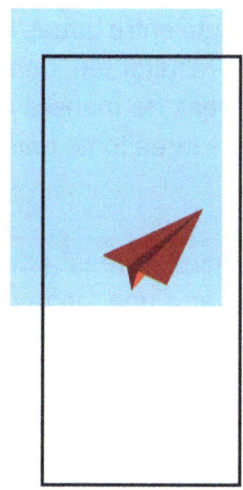

EL COSTO DE HACERLO TODO
LAS CONSECUENCIAS DEL SOBRECARGARSE EN EL MUNDO EMPRESARIAL

SI LO CREES, LO ERES

La tentación de asumir demasiado puede ser abrumadora. Sin embargo, el hábito de hacerlo todo puede tener consecuencias significativas para los líderes y las organizaciones. Me gustaría hablarte de las diversas formas en que el sobrecargarse puede afectar negativamente el rendimiento, la salud y el bienestar en el mundo empresarial.

El Culto a la Multitarea y la Productividad Perdida
El culto a la multitarea, o la creencia de que realizar varias tareas simultáneamente aumenta la productividad, puede ser contraproducente y llevar a una pérdida de productividad en realidad. Aquí hay algunas razones por las cuales:

1. Distracción y falta de enfoque: Cuando intentamos hacer varias cosas a la vez, es más probable que nos distraigamos y perdamos el enfoque en cada tarea individual. Esto puede llevar a una menor calidad en el trabajo y a un aumento en los errores.

2. Menor eficiencia: Cambiar constantemente entre tareas requiere tiempo y energía mental, lo que puede resultar en una menor eficiencia global. En lugar de completar tareas de manera rápida y eficiente, la multitarea puede hacer que cada tarea tome más tiempo de lo necesario.

3. Fatiga mental: Alternar entre diferentes tareas puede ser agotador para el cerebro, lo que puede llevar a una fatiga mental y una disminución en la capacidad para concentrarse y tomar decisiones de manera efectiva.

4. Menor calidad de trabajo: La multitarea puede afectar negativamente la calidad del trabajo realizado. Cuando dividimos nuestra atención entre varias tareas, es menos probable que dediquemos el tiempo y la atención necesarios para hacer cada tarea correctamente.

5. Aumento del estrés: Intentar hacer malabares con múltiples tareas a la vez puede generar estrés y ansiedad, especialmente si nos sentimos abrumados por la cantidad de trabajo que tenemos que hacer.

En lugar de caer en el culto a la multitarea, es importante enfocarse en prácticas que promuevan una mayor concentración y productividad, como la gestión efectiva del tiempo, establecer prioridades claras, dedicar períodos de tiempo específicos para realizar tareas y practicar la atención plena. Al centrarse en una tarea a la vez y eliminar las distracciones, es más probable que se logre un trabajo de mayor calidad y se aumente la productividad en general.

El Impacto en la Salud Mental y Emocional

El deseo de querer hacer todo en la empresa puede tener un impacto significativo en la salud mental y emocional de los individuos. Aquí hay algunas formas en las que esto puede afectar:

1. **Sobrecarga de trabajo:** Intentar hacer todo puede llevar a una carga de trabajo abrumadora. Esto puede generar estrés crónico, ansiedad y agotamiento, lo que a su vez puede afectar negativamente la salud mental y emocional.

2. **Dificultad para establecer límites:** Cuando alguien se siente obligado a hacerlo todo, puede tener dificultades para establecer límites saludables en su vida laboral y personal. Esto puede llevar a una pérdida de equilibrio entre el trabajo y la vida personal, lo que a su vez puede causar resentimiento, agotamiento y disminución de la satisfacción laboral.

3. **Perfeccionismo y autoexigencia:** La creencia de que se debe hacer todo de manera perfecta puede conducir a un perfeccionismo poco realista y a una autoexigencia extrema. Esto puede aumentar la presión y la autocrítica, lo que puede afectar negativamente la autoestima y la salud emocional.

4. **Dificultades para delegar:** Aquellos que quieren hacerlo todo pueden tener dificultades para delegar tareas a otros miembros del equipo. Esto puede resultar en una carga de trabajo desproporcionada y en la falta de desarrollo de habilidades en otros miembros del equipo, lo que puede generar resentimiento y tensiones en el entorno laboral.

5. **Sensación de fracaso:** Cuando no se logra hacer todo lo que se espera, puede generar sentimientos de fracaso y autoevaluación negativa. Esto puede afectar la confianza en uno mismo y la motivación para seguir adelante.

Para contrarrestar estos efectos negativos, es importante que aprendan a establecer límites saludables, practicar la autocompasión y el autocuidado, aprender a delegar tareas de manera efectiva y reconocer la importancia de mantener un equilibrio entre el trabajo y la vida personal. Además, es fundamental para las organizaciones fomentar una cultura que promueva el bienestar y el equilibrio entre el trabajo y la vida personal, y alentar prácticas de trabajo saludables y sostenibles.

Relaciones Interpersonales y Colaboración Comprometida
Las relaciones interpersonales sólidas y una colaboración comprometida son fundamentales para el éxito de cualquier equipo o empresa. Aquí hay algunas razones por las cuales son importantes:

1. Comunicación efectiva: Las relaciones interpersonales sólidas facilitan una comunicación abierta y honesta entre los miembros del equipo. Esto permite compartir ideas, resolver conflictos y trabajar de manera más eficiente juntos.

2. Confianza y respeto mutuo: Cuando hay relaciones interpersonales sólidas, se construye confianza y respeto mutuo entre los miembros del equipo. Esto crea un ambiente de trabajo positivo donde los empleados se sienten valorados y apoyados.

3. Colaboración efectiva: Las relaciones interpersonales sólidas son esenciales para una colaboración comprometida. Cuando los empleados confían y respetan a sus colegas, están más dispuestos a trabajar juntos hacia objetivos comunes y a compartir conocimientos y recursos.

4. Resolución de problemas: En un entorno donde existen relaciones interpersonales sólidas, los empleados se sienten cómodos buscando ayuda y apoyo cuando enfrentan desafíos o problemas. Esto facilita la resolución de problemas de manera más rápida y efectiva.

5. Ambiente de trabajo positivo: Las relaciones interpersonales sólidas contribuyen a crear un ambiente de trabajo positivo y motivador. Cuando los empleados se llevan bien entre sí, están más motivados para venir al trabajo, colaborar y contribuir al éxito de la empresa.

6. Mejora del bienestar emocional: La calidad de las relaciones interpersonales en el trabajo puede tener un gran impacto en el bienestar emocional de los empleados. Sentirse apoyado y conectado con los colegas puede ayudar a reducir el estrés y mejorar la satisfacción laboral.

Para fomentar relaciones interpersonales sólidas y una colaboración comprometida, las empresas pueden promover actividades de team building, proporcionar oportunidades para el desarrollo de habilidades de comunicación y fomentar un ambiente de trabajo inclusivo y de apoyo. Además, es importante que los líderes modelen comportamientos positivos y alienten activamente la colaboración y el trabajo en equipo.

La Pérdida de Enfoque y Dirección Estratégica
La pérdida del enfoque debido a querer hacerlo todo uno mismo en la empresa puede ser un problema común que afecta tanto a los individuos como al rendimiento general de la organización. Aquí hay algunas formas en que esto puede ocurrir:

1. Difusión de energía y recursos: Cuando una persona intenta asumir demasiadas responsabilidades, su energía y recursos se dispersan entre múltiples tareas. Esto puede resultar en una falta de enfoque y dedicación a las tareas más importantes y estratégicas.

2. Calidad del trabajo comprometida: Al intentar hacerlo todo, es probable que la calidad del trabajo se vea comprometida. La falta de enfoque puede llevar a errores, omisiones y una menor atención a los detalles, lo que puede afectar negativamente la calidad del producto final o los resultados.

3. Falta de eficiencia: Intentar hacerlo todo uno mismo puede llevar a una falta de eficiencia en el trabajo. En lugar de enfocarse en las tareas en las que son más efectivos, las personas pueden pasar tiempo en actividades menos importantes o en las que tienen menos habilidades, lo que puede ralentizar el progreso general.

4. Agotamiento y estrés: La carga de trabajo abrumadora causada por querer hacerlo todo puede llevar al agotamiento físico y emocional. Esto puede resultar en niveles más altos de estrés, ansiedad y burnout, lo que a su vez puede afectar la salud y el bienestar general de los individuos.

5. Falta de desarrollo profesional: Cuando una persona asume todas las responsabilidades, puede limitar las oportunidades de crecimiento y desarrollo profesional para ellos mismos y para otros miembros del equipo. La delegación efectiva y la colaboración son fundamentales para el desarrollo de habilidades y el avance profesional.

Para evitar la pérdida de enfoque debido a querer hacerlo todo uno mismo, es importante que las personas aprendan a priorizar tareas, delegar responsabilidades de manera efectiva y buscar apoyo cuando sea necesario. Los líderes también juegan un papel importante al fomentar una cultura de colaboración y delegación en la empresa, y al proporcionar recursos y capacitación para ayudar a los empleados a desarrollar habilidades de gestión del tiempo y trabajo en equipo.

El Agotamiento Profesional y el Riesgo de Quemarse
El agotamiento profesional y el riesgo de quemarse son consecuencias graves de querer hacerlo todo en la empresa. Aquí hay algunas formas en que esto puede ocurrir:

1. Sobrecarga de trabajo: Tratar de abarcar todas las responsabilidades puede llevar a una carga de trabajo abrumadora. Esto puede resultar en largas horas de trabajo, falta de descanso adecuado y una sensación constante de estar bajo presión.

2. Falta de límites entre el trabajo y la vida personal: Cuando alguien intenta hacerlo todo en el trabajo, es probable que sacrifique su tiempo y energía fuera del trabajo. Esto puede conducir a una falta de equilibrio entre el trabajo y la vida personal, lo que a su vez puede contribuir al agotamiento.

3. Deterioro de la salud física y mental: El agotamiento profesional puede tener serias consecuencias para la salud física y mental. Puede causar fatiga crónica, problemas de sueño, ansiedad, depresión y otros trastornos de salud mental.

4. Desmotivación y pérdida de pasión: El agotamiento puede llevar a la desmotivación y a la pérdida de pasión por el trabajo. Cuando alguien se siente abrumado y agotado, es menos probable que se sienta inspirado y comprometido con su trabajo.

5. Disminución del rendimiento laboral: El agotamiento puede afectar negativamente el rendimiento laboral. La falta de energía y motivación puede resultar en una disminución en la calidad del trabajo, una menor productividad y una mayor propensión a cometer errores.

Para evitar el agotamiento profesional y el riesgo de quemarse, es importante que las personas aprendan a establecer límites saludables, priorizar tareas y practicar el autocuidado. Esto puede incluir tomar descansos regulares, establecer horarios de trabajo realistas, delegar tareas cuando sea posible y buscar apoyo cuando sea necesario. Además, las empresas pueden ayudar proporcionando un entorno de trabajo que fomente el equilibrio entre el trabajo y la vida personal, promueva una cultura de apoyo y reconocimiento, y brinde recursos y programas de bienestar para sus empleados.

Estrategias para Delegar, Priorizar y Establecer Límites
Delegar, priorizar y establecer límites son habilidades clave para mantener la eficiencia y el equilibrio en el mundo laboral. Aquí hay algunas estrategias para cada una:

Delegar:

1. Identificar tareas adecuadas para delegar: Reconoce las tareas que pueden ser realizadas por otros miembros del equipo y que no requieren necesariamente tu intervención directa.

2. Seleccionar al equipo adecuado: Asigna las tareas a personas con las habilidades y competencias necesarias para llevarlas a cabo de manera efectiva.

3. Comunicar claramente las expectativas: Asegúrate de que los miembros del equipo comprendan claramente qué se espera de ellos en términos de plazos, calidad y resultados.

4. Proporcionar apoyo y recursos: Asegúrate de que los miembros del equipo tengan acceso a los recursos y el apoyo necesarios para completar las tareas asignadas de manera exitosa.

5. Dar retroalimentación constructiva: Proporciona retroalimentación regular sobre el desempeño de los miembros del equipo y ofrece orientación y apoyo cuando sea necesario.

Priorizar:

1. Identificar objetivos y metas clave: Establece objetivos claros y prioritarios para ti y tu equipo, y asegúrate de que estén alineados con los objetivos generales de la empresa.

2. Evaluar la urgencia y la importancia: Utiliza herramientas como la matriz de Eisenhower para evaluar la urgencia y la importancia de las tareas y priorizarlas en consecuencia.

3. Establecer plazos claros: Asigna plazos específicos para las tareas y proyectos, y asegúrate de cumplir con ellos en la medida de lo posible.

4. Reevaluar regularmente las prioridades: Revisa periódicamente tus objetivos y prioridades para asegurarte de que siguen siendo relevantes y alineados con los objetivos de la empresa.

5. Ser flexible y adaptativo: Reconoce que las prioridades pueden cambiar con el tiempo y sé flexible para ajustarlas según sea necesario.

Establecer límites:

1. Identificar tus límites personales y profesionales: Reconoce cuáles son tus límites en términos de carga de trabajo, tiempo y energía, y establece límites claros en consecuencia.

2. Decir "no" de manera asertiva: Aprende a decir "no" de manera educada pero firme cuando te enfrentes a solicitudes o tareas que estén fuera de tus límites o no sean prioritarias.

3. Establecer horarios de trabajo claros: Define horarios de trabajo específicos y respeta esos límites, evitando trabajar fuera de horas o llevar trabajo a casa en la medida de lo posible.

4. Practicar el autocuidado: Dedica tiempo regularmente para cuidar tu bienestar físico y emocional, y haz actividades que te ayuden a recargar energías y reducir el estrés.

5. Comunicar tus límites: Comunica abierta y claramente tus límites a tus colegas y supervisores para que puedan respetarlos y apoyarte en mantenerlos.

Al dominar estas habilidades y estrategias, podrás delegar de manera efectiva, priorizar tareas de manera inteligente y establecer límites saludables que te permitan mantener el equilibrio y la productividad en el mundo laboral

Cultivando una Cultura Organizacional de Equilibrio y Bienestar

Cultivar una cultura organizacional de equilibrio y bienestar en la empresa es fundamental para promover la salud y la satisfacción de los empleados, así como para aumentar la productividad y la retención del talento. Aquí hay algunas estrategias para lograrlo:

1. Liderazgo ejemplar: Los líderes de la empresa deben demostrar un compromiso genuino con el equilibrio y el bienestar. Esto incluye tomar descansos regulares, respetar los límites de trabajo y fomentar un ambiente de apoyo y flexibilidad.

2. Políticas y prácticas de trabajo flexibles: Ofrecer opciones de trabajo remoto, horarios flexibles y programas de trabajo comprimido puede ayudar a los empleados a equilibrar sus responsabilidades laborales y personales.

3. Promoción del autocuidado: Organizar sesiones de mindfulness, yoga o ejercicios en grupo, así como ofrecer acceso a programas de bienestar físico y mental, puede fomentar el autocuidado entre los empleados.

4. Fomentar el descanso adecuado: Educar a los empleados sobre la importancia del sueño y alentarlos a desconectar del trabajo fuera del horario laboral puede ayudar a prevenir el agotamiento y mejorar la salud en general.

5. Apoyo para la gestión del estrés: Proporcionar recursos y capacitación sobre técnicas de manejo del estrés, así como acceso a asesoramiento y servicios de apoyo, puede ayudar a los empleados a manejar mejor las presiones laborales.

6. Cultura de reconocimiento y apoyo: Reconocer y valorar el trabajo de los empleados, así como ofrecer apoyo emocional y profesional cuando sea necesario, puede fortalecer la conexión entre los miembros del equipo y aumentar la moral.

7. Promoción del equilibrio entre el trabajo y la vida personal: Alentar a los empleados a tomar vacaciones, utilizar sus días libres y dedicar tiempo a sus familias y pasatiempos puede ayudar a mantener un equilibrio saludable entre el trabajo y la vida personal.

8. Evaluación regular y ajustes: Realizar encuestas de satisfacción laboral, llevar a cabo evaluaciones de riesgos psicosociales y recopilar comentarios de los empleados puede ayudar a identificar áreas de mejora y hacer ajustes en las políticas y prácticas de la empresa.

Al priorizar el equilibrio y el bienestar de los empleados, las empresas pueden crear un ambiente de trabajo más saludable, feliz y productivo, lo que a su vez puede conducir a un mayor éxito a largo plazo.

Quiero ocupar este espacio para hacer una llamada a la acción para que los líderes empresariales reconozcan los peligros del sobrecargarse y tomen medidas para proteger su salud, bienestar emocional y rendimiento en el trabajo. Al aprender a delegar, priorizar y establecer límites saludables, los líderes pueden lograr un equilibrio más satisfactorio y sostenible en sus vidas profesionales y personales.

ATRAYENDO EL TALENTO CORRECTO
CUALIDADES CLAVE PARA UN EQUIPO EFECTIVO

SI LO CREES, LO ERES

En las empresas, construir un equipo efectivo es fundamental para el éxito de cualquier organización. A medida que el reclutador de talento, es crucial identificar y seleccionar individuos que no solo posean las habilidades técnicas necesarias, sino también las cualidades personales que les permitan destacar y contribuir de manera significativa al crecimiento y desarrollo de la empresa. Hablemos de algunas cualidades claves que deben tener los miembros del personal para ser efectivos en su trabajo.

Competencia Técnica:
Las habilidades técnicas y el conocimiento específico relacionado con el trabajo son esenciales para realizar tareas y cumplir con las responsabilidades asignadas de manera efectiva. Los candidatos deben demostrar experiencia y competencia en las áreas relevantes para el puesto, ya sea en ventas, marketing, desarrollo de productos, gestión de proyectos, o cualquier otra función específica.

Adaptabilidad y Flexibilidad:
En un entorno empresarial en constante cambio, la capacidad de adaptarse rápidamente a nuevas situaciones y entornos es crucial. Los miembros del equipo deben estar abiertos a aprender nuevas habilidades, asumir nuevas responsabilidades y ajustarse a los cambios en las prioridades y estrategias de la empresa.

Comunicación efectiva: La comunicación clara y efectiva es fundamental para el éxito en cualquier rol dentro de una organización. Los candidatos deben demostrar la capacidad de expresarse de manera articulada, escuchar activamente, y transmitir información de manera clara y comprensible tanto verbalmente como por escrito.

Trabajo en Equipo: El trabajo en equipo es esencial para alcanzar los objetivos organizacionales y resolver problemas de manera eficiente. Los candidatos deben demostrar la capacidad de colaborar con otros miembros del equipo, compartir ideas y conocimientos, y trabajar hacia un objetivo común de manera constructiva.

Proactividad y Autonomía:
Los miembros del equipo efectivos son aquellos que asumen la responsabilidad de sus acciones y buscan activamente oportunidades para contribuir al éxito de la empresa. Deben mostrar iniciativa propia, tomar decisiones informadas y trabajar de manera independiente cuando sea necesario.

Orientación al Cliente o Usuario: Entender las necesidades y expectativas del cliente o usuario final es fundamental para el éxito de cualquier empresa. Los candidatos deben mostrar empatía hacia los clientes, ser capaces de anticipar sus necesidades y estar comprometidos a brindar un servicio excepcional y soluciones efectivas.

Mentalidad de Aprendizaje Continuo: En un entorno empresarial dinámico y competitivo, el aprendizaje continuo es esencial para mantenerse al día con las últimas tendencias y tecnologías. Los candidatos deben mostrar una mentalidad abierta hacia el crecimiento personal y profesional, buscar oportunidades de desarrollo y estar dispuestos a mejorar y evolucionar en su rol.

Reclutar talento efectivo va más allá de simplemente buscar habilidades técnicas. Se trata de identificar individuos que posean una combinación de habilidades técnicas sólidas y cualidades personales que les permitan destacar y contribuir de manera significativa al éxito de la empresa. Al priorizar cualidades como la competencia técnica, la adaptabilidad, la comunicación efectiva, el trabajo en equipo, la proactividad, la orientación al cliente y la mentalidad de aprendizaje continuo, los reclutadores pueden construir equipos sólidos y preparados para enfrentar los desafíos del mundo empresarial actual.

DIFERENCIA ENTRE UN JEFE Y UN LÍDER
CLAVES PARA EL ÉXITO EN EL MUNDO EMPRESARIAL

SI LO CREES, LO ERES

En las empresas, las palabras "jefe" y "líder" a menudo se usan indistintamente, pero en realidad representan dos enfoques muy diferentes para la gestión y el liderazgo. Me gustaría desarrollar las diferencias clave entre un jefe y un líder, y cómo estas diferencias impactan en el éxito y la efectividad de un equipo o una organización.

Autoridad vs. Influencia:
Un jefe típicamente ejerce autoridad basada en su posición jerárquica dentro de la organización. Sus órdenes se siguen porque los empleados están obligados a hacerlo por razones de estructura organizativa. En contraste, un líder ejerce influencia sobre los demás a través de sus acciones, valores y visión compartida. Los seguidores eligen seguir a un líder no porque tengan que hacerlo, sino porque quieren hacerlo.

Enfoque en el Control vs. en el Empoderamiento:
Un jefe tiende a enfocarse en controlar las acciones y decisiones de los empleados, dictando lo que se debe hacer y cómo. Esto puede limitar la autonomía y la creatividad de los empleados, lo que lleva a una menor motivación y compromiso. Por otro lado, un líder busca empoderar a su equipo, brindándoles autonomía y responsabilidad para tomar decisiones y asumir la propiedad de su trabajo. Esto fomenta un ambiente de confianza, creatividad y compromiso.

Gestión de Tareas vs. Desarrollo de Personas:
Un jefe tiende a enfocarse principalmente en la gestión de tareas y resultados, asegurándose de que se cumplan los objetivos establecidos. Mientras que un líder no solo se preocupa por el logro de metas, sino también por el desarrollo personal y profesional de sus empleados. Un líder invierte tiempo y recursos en ayudar a los miembros del equipo a crecer, aprender y alcanzar su máximo potencial.

Orientación hacia el Corto Plazo vs. Visión a Largo Plazo:
Los jefes a menudo se enfocan en resultados a corto plazo, buscando alcanzar objetivos inmediatos y resolver problemas de manera reactiva. En contraste, los líderes tienen una visión a largo plazo para la organización, estableciendo metas ambiciosas y trabajando hacia su consecución de manera estratégica y proactiva.

Seguir el Status Quo vs. Inspirar el Cambio:
Los jefes suelen adherirse al status quo, manteniendo las cosas como están y resistiéndose al cambio. Por otro lado, los líderes inspiran el cambio, desafiando el statu quo y fomentando la innovación y la mejora continua. Son agentes de cambio que guían a sus equipos a través de períodos de transformación y adaptación.

La diferencia entre un jefe y un líder radica en su enfoque hacia el poder, la influencia, el empoderamiento, el desarrollo, la visión y el cambio. Mientras que un jefe ejerce autoridad y control, un líder ejerce influencia y empoderamiento. Mientras que un jefe se enfoca en resultados a corto plazo, un líder tiene una visión a largo plazo. Es el líder, con su capacidad para inspirar, motivar y guiar a los demás, quién puede llevar a un equipo o una organización hacia el éxito sostenible y significativo en el mundo empresarial.

El Jefe dice: "Hagan", el Líder dice: "Hagamos"

La pregunta es, ¿Qué quieres ser tú, un líder o un jefe?

En el contexto del liderazgo empresarial, el término "demandar" implica más que simplemente dar órdenes o imponer autoridad. En realidad, implica cultivar una cultura organizacional basada en la responsabilidad, la excelencia y la colaboración. En esta parte, explicaré cómo los líderes empresariales pueden aprender a "demandar" de manera efectiva para impulsar el crecimiento y el éxito de sus equipos y organizaciones.

Establecer Expectativas Claras:
Un líder efectivo debe comunicar claramente sus expectativas a su equipo. Esto implica definir objetivos claros, establecer estándares de desempeño y proporcionar orientación sobre cómo alcanzar el éxito. Al establecer expectativas claras, los líderes crean un marco de referencia para que los miembros del equipo comprendan lo que se espera de ellos y sepan cómo cumplir con esas expectativas.

Fomentar la Responsabilidad Personal:
El liderazgo empresarial efectivo implica empoderar a los miembros del equipo para que asuman la responsabilidad de sus acciones y resultados. En lugar de simplemente dictar tareas, los líderes deben alentar a sus colaboradores a tomar la iniciativa, asumir la propiedad de sus proyectos y trabajar de manera proactiva para alcanzar los objetivos establecidos. Esto no solo promueve un sentido de responsabilidad personal, sino que también fomenta la autonomía y la autoconfianza dentro del equipo.

Promover la Excelencia y el Crecimiento Continuo:
Los líderes empresariales deben aspirar a la excelencia en todo lo que hacen y exigir lo mismo de sus equipos. Esto implica establecer altos estándares de desempeño y proporcionar los recursos y el apoyo necesarios para que los miembros del equipo alcancen su máximo potencial. Al promover una cultura de excelencia y crecimiento continuo, los líderes pueden inspirar a sus equipos a superar los límites y alcanzar nuevos niveles de éxito.

Proporcionar Retroalimentación Constructiva:
La retroalimentación efectiva es esencial para el crecimiento y el desarrollo individual y organizacional. Los líderes empresariales deben aprender a proporcionar retroalimentación constructiva de manera regular y específica, reconociendo los logros y proporcionando orientación sobre cómo mejorar. Al hacerlo, los líderes ayudan a sus equipos a aprender de sus errores, desarrollar nuevas habilidades y mejorar su desempeño en general.

Cultivar un Entorno de Colaboración y Apoyo:
El liderazgo empresarial efectivo implica crear un entorno de trabajo donde los miembros del equipo se sientan valorados, respetados y apoyados. Esto implica fomentar la colaboración, el trabajo en equipo y la comunicación abierta, así como brindar apoyo emocional y profesional cuando sea necesario. Al cultivar un sentido de

comunidad y pertenencia, los líderes pueden motivar a sus equipos a trabajar juntos hacia objetivos comunes y superar desafíos con éxito.

El liderazgo empresarial efectivo requiere aprender a "demandar" de manera estratégica y reflexiva. Al establecer expectativas claras, fomentar la responsabilidad personal, promover la excelencia y el crecimiento continuo, proporcionar retroalimentación constructiva y cultivar un entorno de colaboración y apoyo, los líderes pueden inspirar a sus equipos a alcanzar nuevos niveles de éxito y contribuir al crecimiento y la prosperidad de sus organizaciones.

FAMILIA VS. EMPRESA
LA INTERSECCIÓN ENTRE LO PERSONAL Y LO PROFESIONAL

SI LO CREES, LO ERES

En la sociedad contemporánea, la dicotomía entre la vida familiar y el mundo laboral es un tema que a menudo genera debates y reflexiones. La pregunta sobre si la relación familia afecta al mundo laboral, o viceversa, es compleja y multifacética.

He tenido el privilegio de trabajar en proyectos de la mano con mi esposa, ella es una completa líder y alguien que le gusta evaluar muy bien las cosas antes de procesar una acción, yo me considero un poco más apresurado en algunas cosas, esto muchas veces fue motivo para discusiones laborales que después pasaban a lo personal, debo admitir que lo que ella siempre trato fue protegerme de muchas cosas y fueron situaciones que nos ayudaron a comprender ampliamente la intersección entre lo personal y lo profesional, fue necesario sentarnos a hablar y cambiar varias actitudes que nos ayudaran para bien, tanto en lo profesional como personal.

Me gustaría explicarte un poco de cómo la relación entre la familia y la empresa puede influirse mutuamente, así como las estrategias para gestionar esta intersección de manera efectiva.

La Influencia de la Familia en el Mundo Laboral:
La familia es una parte integral de la identidad y el bienestar emocional de las personas, y como tal, puede influir significativamente en su desempeño laboral. Las relaciones familiares saludables pueden proporcionar apoyo emocional, estabilidad y motivación para tener éxito en el trabajo. Por otro lado, los conflictos familiares, las responsabilidades familiares abrumadoras o las preocupaciones personales pueden afectar negativamente la concentración, la productividad y la satisfacción laboral.

El Impacto del Trabajo en la Familia:
La dedicación al trabajo puede tener un impacto significativo en la dinámica familiar. Las largas horas de trabajo, los viajes frecuentes, el estrés laboral y la presión para cumplir con las expectativas profesionales pueden generar tensiones en las relaciones familiares. La falta de tiempo para la familia puede resultar en sentimientos de desconexión, resentimiento o conflicto.

Estrategias para una Integración Armoniosa:
Para gestionar de manera efectiva la relación entre la familia y la empresa, es importante encontrar un equilibrio entre las demandas laborales y las necesidades familiares. Esto puede implicar establecer límites claros entre el trabajo y la vida personal, priorizar el tiempo de calidad con la familia, y comunicarse abierta y honestamente sobre las expectativas y necesidades tanto en el hogar como en el trabajo.

Apoyo Organizacional:
Las empresas pueden desempeñar un papel importante en el apoyo a sus empleados para lograr un equilibrio saludable entre el trabajo

y la familia. Ofrecer políticas de flexibilidad laboral, programas de bienestar, licencias familiares pagadas y recursos para el manejo del estrés pueden ayudar a los empleados a gestionar mejor sus responsabilidades familiares y laborales.

La Importancia de la Comunicación y la Comprensión:
La comunicación abierta y la comprensión mutua son fundamentales para mantener una relación saludable entre la familia y la empresa. Los empleadores deben estar dispuestos a escuchar las preocupaciones de sus empleados relacionadas con la familia, mientras que los miembros de la familia deben apoyar las aspiraciones profesionales y entender las demandas del trabajo.

La relación entre la familia y la empresa es compleja y dinámica, y puede influir en múltiples aspectos de la vida personal y profesional. Al reconocer y gestionar esta intersección de manera efectiva, tanto los individuos como las organizaciones pueden promover un equilibrio saludable entre el trabajo y la familia, mejorando así el bienestar y el rendimiento en todas las áreas de la vida.

El marketing es un concepto multifacético que abarca una amplia gama de actividades destinadas a comprender, comunicar y satisfacer las necesidades y deseos del mercado. En su esencia, el marketing se trata de crear valor para los clientes y capturar valor a cambio. A través de una combinación de investigación de mercado, análisis de datos, estrategias de comunicación y desarrollo de productos, el marketing busca establecer una conexión significativa entre una empresa y sus clientes. Una de las principales funciones del marketing es entender al consumidor: sus comportamientos, preferencias y motivaciones. Esto se logra mediante la investigación de mercado, que utiliza una variedad de métodos para recopilar datos sobre el mercado objetivo. Con esta información, las empresas pueden desarrollar productos y servicios que satisfagan las necesidades del cliente de manera efectiva. Además de comprender al consumidor, el marketing implica comunicar el valor de la marca y sus productos de manera convincente. Esto incluye actividades como publicidad, relaciones públicas, marketing digital y promociones.

El objetivo es generar conciencia, interés y preferencia por la marca entre el público objetivo. El marketing también desempeña un papel crucial en la creación y gestión de la imagen de marca. Esto implica desarrollar una identidad de marca distintiva y coherente que resuene con los valores y aspiraciones de los clientes. Una marca sólida puede diferenciar a una empresa de la competencia y generar lealtad entre los clientes.

El marketing es mucho más que simplemente vender productos. Es un proceso integral que implica entender al cliente, comunicar el valor de la marca y crear relaciones duraderas. En un mundo cada vez más competitivo y centrado en el cliente, el marketing sigue siendo fundamental para el éxito de cualquier empresa.

El marketing es una disciplina amplia y diversa que abarca una variedad de enfoques y estrategias para alcanzar diferentes objetivos comerciales. A lo largo del tiempo, han surgido diversos tipos de marketing para adaptarse a las cambiantes necesidades del mercado y las preferencias de los consumidores. A continuación, se exploran algunos de los tipos de marketing más relevantes en el panorama actual:

Marketing Digital: En la era de la tecnología, el marketing digital se ha convertido en un componente fundamental para cualquier empresa.

Este tipo de marketing incluye estrategias en línea como el marketing de contenidos, SEO (optimización de motores de búsqueda), SEM (marketing en motores de búsqueda), marketing de redes sociales, email marketing, y publicidad en línea.

El marketing digital permite llegar a una audiencia global de manera efectiva y medir el rendimiento de las campañas con precisión.

Marketing de Contenidos: Este enfoque se centra en la creación y distribución de contenido relevante y valioso para atraer, informar y convertir a los clientes potenciales. El marketing de contenidos abarca blogs, videos, infografías, ebooks, podcasts y más. Al proporcionar contenido útil y de calidad, las marcas pueden establecerse como autoridades en su industria y construir relaciones sólidas con su audiencia.

Marketing de Influencers: Con el crecimiento de las redes sociales, el marketing de influencers ha ganado popularidad. Consiste en colaborar con personas influyentes en las redes sociales para promocionar productos o servicios. Los influencers tienen seguidores comprometidos que confían en sus recomendaciones, lo que puede generar exposición y credibilidad para una marca.

Marketing de Contenidos: El marketing de contenidos implica crear y compartir contenido valioso para atraer y retener a un público objetivo. Este tipo de marketing se centra en proporcionar información relevante, educativa o entretenida que resuene con los intereses y necesidades de la audiencia. El objetivo es construir relaciones sólidas con los clientes y fomentar la lealtad hacia la marca.

Marketing de Producto: Este enfoque se centra en el desarrollo y la promoción de productos específicos. Incluye actividades como investigación de mercado, diseño de productos, fijación de precios, distribución y promoción. El marketing de producto busca identificar las características únicas y los beneficios de un producto y comunicarnos de manera efectiva al público objetivo.

Marketing Internacional: Con la globalización, muchas empresas buscan expandirse más allá de sus fronteras nacionales. El marketing internacional se refiere a las estrategias y tácticas utilizadas para promover productos o servicios en mercados extranjeros. Esto implica comprender las diferencias culturales, legales y económicas de cada mercado y adaptar las estrategias de marketing en consecuencia.

Estos son solo algunos de los tipos de marketing más relevantes en la actualidad, pero la disciplina continúa evolucionando con el tiempo y las nuevas tecnologías. Independientemente del tipo de marketing utilizado, el objetivo final sigue siendo el mismo: conectar con los clientes, generar valor e impulsar el crecimiento empresarial.

¿Qué es marketing de guerrilla?
El marketing de guerrilla es una estrategia creativa y poco convencional que busca generar un impacto significativo en el mercado con recursos limitados. Inspirado en las tácticas de combate de la guerra de guerrillas, este enfoque se centra en la innovación, la sorpresa y la interacción directa con el público objetivo. En lugar de depender de grandes presupuestos publicitarios, el marketing de guerrilla se basa en la creatividad, la originalidad y el ingenio para destacar en un entorno saturado de mensajes de marketing. Las características distintivas del marketing de guerrilla incluyen:

Creatividad: Se trata de encontrar formas únicas y creativas de captar la atención del público. Esto puede implicar el uso de medios inusuales, eventos extravagantes, o campañas virales en línea que sorprendan y diviertan a la audiencia.

Bajo Costo: A diferencia de las campañas de marketing tradicionales, el marketing de guerrilla busca maximizar el impacto con recursos limitados. Esto significa que las estrategias suelen ser económicas y a menudo se basan en el ingenio y la creatividad en lugar de grandes presupuestos publicitarios.

Interacción Directa: Una parte fundamental del marketing de guerrilla es la interacción directa con el público objetivo. Esto puede implicar eventos en vivo, intervenciones urbanas, o activaciones de marca que permitan una conexión directa y personalizada con los consumidores.

Sorpresa y Novedad: Las campañas de marketing de guerrilla suelen basarse en la sorpresa y la novedad para captar la atención del público. Esto puede incluir elementos inesperados o inusuales que generen curiosidad y se vuelvan virales en las redes sociales.

Enfoque Localizado: A menudo, el marketing de guerrilla se enfoca en áreas geográficas específicas o comunidades locales para maximizar el impacto. Esto puede incluir eventos o activaciones que están diseñados para resonar con la cultura y el contexto local.

El marketing de guerrilla es una estrategia audaz y creativa que busca destacar en un entorno saturado de mensajes publicitarios. A través de la innovación, la sorpresa y la interacción directa con el público, las marcas pueden generar un impacto significativo en el mercado con recursos limitados.

El marketing es fundamental para cualquier empresa, ya que impulsa la visibilidad, la relevancia y la conexión con los clientes. Ayuda a entender las necesidades del mercado, a desarrollar productos y servicios que satisfagan esas necesidades, y a comunicar de manera efectiva el valor de la marca. Sin una estrategia de marketing sólida, es difícil que una empresa tenga éxito a largo plazo.

*No es diseñar productos...... **es materializar ideas.***
*No es asignar precios....**es darle valor a las cosas.***
*No es investigar mercados..... **es entender al cliente.***
*No es promocionar..... **es emocionar.***
*No es publicidad......**es conectar.***
*No es vender......**es enamorar.***

NO ES LO MISMO DECIR:

Te vendo esta Camiseta, esta Gorra y estas Gafas por 35$

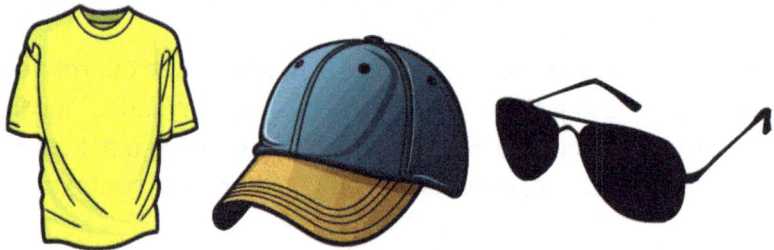

QUE DECIR:

Te vendo esta Camiseta y esta Gorra por tan solo 35$
y por tu compra, te damos unas Gafas Completamente Gratis

Ahora yo te pregunto, ¿cual comprarias tu?
¿La primera o la segunda opción?

El vendedor en ningún momento cambia su margen de precios, aparentemente regala un producto pero sin alterar sus cuentas.

NO ES LO QUE VENDES, ES COMO LO VENDES

Sé que alguna vez escuchaste la famosa frase: *Si la vida te da limones, has limonada.*

Sin duda alguna podríamos tomar este ejemplo y explicar qué es valor agregado, quizás este dicho tenga otro significado, pero me gustaría relacionarlo.

Imagina que tienes una docena de bananos en casa, cada banano tiene un costo de 1$, si decides vender estos bananos obtendrías 12$ en ese mismo instante, sin embargo, decides darle valor agregado, inviertes 15$ en la compra de chocolate, bañas los bananos en chocolate, los congelas y listo, tienes "BANANOS BAÑADOS EN CHOCOLATE" con un valor de 5$ cada uno.

Esa misma tarde tendrías un total de 60$, le restas lo invertido y obtendrás un buen margen de ganancia más que el que tenías anteriormente.

El valor agregado se refiere a cualquier mejora, beneficio o característica adicional que se añade a un producto o servicio para aumentar su atractivo para los clientes y diferenciarlo de la competencia. Este valor adicional puede manifestarse de diversas formas, como calidad superior, características exclusivas, servicio al cliente excepcional, conveniencia, personalización, entre otros.
El objetivo es ofrecer algo más que el producto o servicio básico para satisfacer mejor las necesidades y deseos de los clientes, generando así una ventaja competitiva.

Aplicar valor agregado a tus productos es fundamental para destacarte en el mercado y satisfacer las necesidades de tus clientes. Aquí tienes algunos consejos para hacerlo:

Conoce a tus clientes: Entender las necesidades, deseos y preferencias de tus clientes te ayudará a identificar qué tipo de valor agregado es más relevante para ellos.

Calidad superior: Asegúrate de que tu producto tenga una calidad excepcional en comparación con la competencia. Utiliza materiales de alta calidad y procesos de fabricación eficientes.

Innovación: Introduce nuevas características, funciones o tecnologías que mejoren la experiencia del cliente o resuelvan problemas específicos que enfrentan tus clientes.

Servicio al cliente excepcional: Ofrece un servicio al cliente personalizado, rápido y eficiente. Estar disponible para responder preguntas, resolver problemas y brindar asistencia post venta puede marcar la diferencia.

Personalización: Permite a tus clientes personalizar sus productos según sus preferencias individuales. Esto puede incluir opciones de color, tamaño, diseño, etc.

Valor añadido complementario: Ofrece servicios adicionales o complementarios que agreguen valor a tu producto, como garantías extendidas, envío gratuito, instalación o montaje gratuito, entre otros.

Experiencia de compra excepcional: Crea una experiencia de compra memorable y agradable para tus clientes. Esto incluye desde el diseño de tu sitio web hasta la presentación del producto en tiendas físicas, y la facilidad de compra y pago.

Educación y contenido relevante: Proporciona a tus clientes información útil y educativa relacionada con tu producto o industria. Esto puede incluir tutoriales, guías de uso, consejos de mantenimiento, etc.

Al aplicar estos consejos, podrás agregar valor a tus productos y diferenciarte en el mercado, lo que te ayudará a atraer y retener a tus clientes.

El valor agregado y el marketing son conceptos interrelacionados pero distintos:

Valor Agregado:
Se refiere a los beneficios o mejoras adicionales que se ofrecen junto con un producto o servicio para hacerlo más atractivo para los clientes. Estos pueden incluir calidad superior, características exclusivas, servicios complementarios, atención al cliente excepcional, entre otros. El valor agregado se centra en lo que el producto o servicio ofrece al cliente más allá de sus características básicas.

Marketing:
Se refiere a las estrategias y acciones utilizadas para promocionar, posicionar y vender un producto o servicio. Esto implica actividades como la investigación de mercado, la segmentación de clientes, la creación de mensajes persuasivos, la gestión de la marca, la publicidad, las relaciones públicas y las ventas.

El marketing busca comunicar el valor del producto o servicio de manera efectiva para atraer y retener clientes. En resumen, el valor agregado se enfoca en lo que se ofrece al cliente, mientras que el marketing se enfoca en cómo se comunica y se promueve este valor para atraer a los clientes y generar ventas.

Ambos son importantes para el éxito de un producto o servicio, ya que el valor agregado proporciona la base sobre la cual se construye la estrategia de marketing.

"El valor agregado reside en la capacidad de ir un paso más allá, de ofrecer algo extra que marque la diferencia y eleve la experiencia o el producto a un nivel superior."

Ejemplo de cómo aplicar valor agregado a la venta de productos de calzado:

Personalización: Ofrece la opción de personalizar los zapatos según el gusto del cliente, permitiéndoles elegir el color, material, estilo y detalles adicionales como monogramas o adornos.

Servicio de ajuste y asesoramiento: Proporciona un servicio de ajuste profesional donde los clientes pueden recibir recomendaciones sobre el tipo de calzado que mejor se adapte a su pie y estilo de vida.

Garantía de calidad y durabilidad: Destaca la calidad superior de los materiales utilizados en la fabricación de los zapatos, ofreciendo garantías extendidas que cubren defectos de fabricación y desgaste prematuro.

Experiencia de compra enriquecida: Crea una experiencia de compra única en la tienda, donde los clientes puedan probar diferentes estilos de zapatos en un ambiente acogedor y cómodo, con asistencia personalizada de los empleados.

Accesorios y servicios adicionales: Ofrece accesorios complementarios como plantillas ortopédicas, productos de limpieza y mantenimiento, así como servicios de reparación y reciclaje de calzado para prolongar su vida útil.

Programa de fidelización: Implementa un programa de fidelización donde los clientes puedan acumular puntos por cada compra y canjearlos por descuentos, productos gratuitos o servicios exclusivos.

Al agregar estos elementos, no solo estás vendiendo un par de zapatos, sino también una experiencia.

NAMING EMPRESARIAL

EL ARTE DE DAR NOMBRE A TU MARCA.

SI LO CREES, LO ERES

El naming es un proceso crucial que implica la creación y selección del nombre adecuado para una marca, producto o servicio. Aunque puede parecer un paso sencillo, elegir el nombre correcto puede tener un impacto significativo en la percepción de la marca, su posicionamiento en el mercado y su éxito a largo plazo.

Identidad y Diferenciación:
El nombre de una empresa o producto es más que una simple palabra; es la identidad que representa a la marca ante el mundo. Por lo tanto, es fundamental que el nombre refleje la personalidad, los valores y la misión de la empresa. Además, el nombre debe ser distintivo y memorable, lo que ayuda a diferenciar la marca de la competencia y a captar la atención del público objetivo.

Comunicación y Mensajería:
El naming es una forma poderosa de comunicar la propuesta de valor de una marca y su posicionamiento en el mercado. Un buen nombre puede transmitir de manera efectiva el propósito y los beneficios de la marca, así como evocar emociones y generar interés entre los consumidores. Por lo tanto, es importante que el

nombre sea claro, relevante y fácil de entender para el público objetivo.

Legalidad y Disponibilidad:
Al elegir un nombre para una empresa o producto, es fundamental asegurarse de que sea legalmente viable y esté disponible para su uso. Esto implica realizar búsquedas exhaustivas de marcas registradas y nombres de dominio para evitar conflictos legales y problemas de propiedad intelectual en el futuro. Además, es importante considerar la disponibilidad del nombre en las plataformas de redes sociales y en línea, ya que esto puede afectar la visibilidad y la accesibilidad de la marca en el mundo digital.

Flexibilidad y Adaptabilidad:
El nombre de una marca debe tener la capacidad de crecer y evolucionar con el tiempo. Por lo tanto, es importante elegir un nombre que sea lo suficientemente flexible como para adaptarse a los cambios en el mercado, las tendencias de la industria y las necesidades del público objetivo. Esto puede implicar evitar términos demasiado específicos o limitantes que puedan restringir el alcance y la relevancia de la marca en el futuro.

Pruebas y Validación:
Antes de finalizar un nombre, es recomendable realizar pruebas y validaciones con el público objetivo para evaluar su efectividad y aceptación. Esto puede incluir encuestas, grupos focales y estudios de mercado para recopilar comentarios y evaluar la percepción del nombre entre los consumidores. A partir de esta retroalimentación, se pueden realizar ajustes y refinamientos al nombre para garantizar su éxito y aceptación en el mercado.

El naming empresarial es un proceso complejo que requiere creatividad, estrategia y atención al detalle. Al elegir el nombre adecuado para una marca, producto o servicio, las empresas pueden establecer una identidad distintiva, comunicar su propuesta de valor y diferenciarse en un mercado competitivo. Al seguir principios clave, como la identidad y diferenciación, la comunicación y mensajería, la legalidad y disponibilidad, la flexibilidad y adaptabilidad, y las pruebas y validación, las empresas pueden crear nombres poderosos y memorables que impulsen el éxito y el crecimiento a largo plazo.

BRANDING EMPRESARIAL
CONSTRUYENDO MARCAS QUE IMPACTAN Y CONECTAN

SI LO CREES, LO ERES

El branding efectivo es fundamental para diferenciar una empresa y construir una conexión significativa con su audiencia. Hablemos un poco de los principios fundamentales del branding empresarial y también quiero proporcionarte estrategias prácticas para desarrollar y gestionar marcas exitosas.

Fundamentos del Branding Empresarial
El branding empresarial se refiere a la gestión estratégica de la identidad y la imagen de una empresa para construir una conexión emocional y una percepción positiva con su audiencia. Algunos fundamentos clave incluyen la claridad en la identidad de la marca, la coherencia en la comunicación y la experiencia del cliente, la diferenciación frente a la competencia, y la autenticidad en la promesa de marca. Es fundamental entender el mercado objetivo, definir los valores de la marca y comunicarnos de manera consistente a través de todos los puntos de contacto con el cliente.

Comunicación de Marca y Mensajería

En el branding, la comunicación de marca y la mensajería son fundamentales para establecer una conexión significativa con la audiencia. La comunicación de marca se refiere a cómo una empresa transmite su identidad, valores y propuesta de valor a través de diferentes canales y medios. Esto puede incluir publicidad, redes sociales, relaciones públicas, eventos, entre otros.

La mensajería de marca se centra en los mensajes específicos que una empresa quiere comunicar a su audiencia. Estos mensajes deben ser claros, coherentes y alineados con la identidad y los valores de la marca. La mensajería de marca ayuda a construir una narrativa coherente y atractiva que resuene con el público objetivo, generando así una impresión positiva y duradera.

Es importante que la comunicación de marca y la mensajería estén alineadas entre sí y refuercen los valores y la promesa de la marca en todos los puntos de contacto con el cliente. Esto contribuye a construir una imagen de marca sólida y coherente en la mente de los consumidores.

Creación de Identidad Visual

La creación de identidad visual en el branding es crucial para establecer una imagen distintiva y reconocible para una empresa. Algunos elementos clave en la creación de identidad visual incluyen:

1. Logotipo: El logotipo es el elemento central de la identidad visual de una marca. Debe ser único, memorable y representar los valores y la personalidad de la empresa.

2. Paleta de colores: Seleccionar una paleta de colores coherente que refleje la personalidad y los valores de la marca. Los colores pueden tener asociaciones emocionales y psicológicas que influyen en la percepción de la marca.

3. Tipografía: Elegir una tipografía que sea legible y que refleje la voz y el tono de la marca. La tipografía puede comunicar elegancia, modernidad, tradición, entre otros aspectos.

4. Imaginería: Seleccionar imágenes y gráficos que sean coherentes con la identidad de la marca. Esto puede incluir fotografías, ilustraciones o elementos gráficos que refuercen la narrativa de la marca.

5. Estilo visual: Definir un estilo visual único que se aplique de manera consistente en todos los materiales de la marca, desde el sitio web y las redes sociales hasta los envases de productos y la publicidad.

6. Elementos gráficos adicionales: Pueden incluir patrones, texturas o iconografía que agreguen profundidad y personalidad a la identidad visual de la marca.

Es importante que todos estos elementos se utilicen de manera coherente y se apliquen en todos los puntos de contacto con el cliente para fortalecer la identidad visual de la marca y aumentar su reconocimiento y memorabilidad.

Construcción de una Experiencia de Marca Memorables

Crear una experiencia de marca memorable implica varios pasos clave:

1. Investigación y comprensión del público objetivo: Comprender quiénes son los clientes potenciales de la marca, qué necesidades tienen y qué experiencias valoran. Esto ayuda a adaptar la estrategia de branding para satisfacer las expectativas de la audiencia.

2. Definición de la identidad de la marca: Establecer los valores, la personalidad y la voz de la marca. Esto proporciona una base sólida para construir una experiencia coherente y auténtica.

3. Desarrollo de una estrategia de comunicación integrada: Crear una estrategia que abarque todos los puntos de contacto con el cliente, desde el sitio web y las redes sociales hasta la atención al cliente y la publicidad. La coherencia en la comunicación es fundamental para una experiencia de marca unificada.

4. Diseño de experiencias significativas: Identificar oportunidades para crear momentos memorables en el recorrido del cliente, desde la primera interacción con la marca hasta la postventa. Esto puede incluir experiencias en el punto de venta, contenido emocionalmente relevante y sorpresas inesperadas.

5. Personalización: Adaptar la experiencia de marca a las preferencias individuales de los clientes siempre que sea posible. Esto puede incluir recomendaciones personalizadas, comunicación personalizada y programas de fidelización.

6. Consistencia y coherencia: Mantener una experiencia de marca consistente en todos los canales y en todas las interacciones con el cliente. Esto ayuda a construir confianza y familiaridad con la marca a lo largo del tiempo.

7. Medición y mejora continua: Evaluar regularmente el desempeño de la estrategia de branding y recopilar retroalimentación de los clientes para identificar áreas de mejora. La adaptación constante es clave para mantener una experiencia de marca relevante y memorable en un entorno cambiante.

Gestión de la Reputación de Marca

La gestión de la reputación de una marca en el branding es crucial para mantener y fortalecer la percepción positiva de la marca entre los consumidores y otras partes interesadas. Aquí hay algunos pasos importantes en la gestión de la reputación de una marca:

1. Monitoreo constante: Estar atento a lo que se dice sobre la marca en medios de comunicación, redes sociales, sitios web de reseñas y otros canales. El monitoreo constante permite identificar rápidamente cualquier problema o comentario negativo que pueda afectar la reputación de la marca.

2. Respuesta rápida y efectiva: Responder de manera rápida y efectiva a comentarios negativos o críticas. Esto puede implicar abordar las preocupaciones de los clientes, proporcionar soluciones a problemas y mostrar empatía hacia las experiencias negativas.

3. Transparencia y autenticidad: Ser transparente y auténtico en la comunicación con los clientes y otras partes interesadas. Esto implica reconocer errores, asumir la responsabilidad y trabajar para solucionar problemas de manera abierta y honesta.

4. Fomento de comentarios positivos: Animar a los clientes satisfechos a compartir sus experiencias positivas y reseñas en línea. Esto puede ayudar a contrarrestar los comentarios negativos y fortalecer la percepción positiva de la marca.

5. Construcción de relaciones sólidas: Construir relaciones sólidas con los clientes, empleados, socios y otras partes interesadas. Las relaciones positivas pueden ayudar a proteger la reputación de la marca en momentos difíciles y a generar defensores de la marca que la respalden en situaciones negativas.

6. Gestión proactiva de crisis: Prepararse para posibles crisis de reputación mediante la creación de planes de acción detallados y la capacitación del personal en cómo manejar situaciones de crisis de manera efectiva.

7. Mejora continua: Utilizar la retroalimentación de los clientes y los resultados del monitoreo para identificar áreas de mejora en la experiencia del cliente y en la gestión de la reputación de la marca. La mejora continua es clave para mantener una reputación sólida y positiva a lo largo del tiempo.

Expansión de la Marca y Diversificación

La expansión y diversificación de una marca en el branding implican estrategias para ampliar el alcance y la oferta de la marca más allá de su segmento inicial. Aquí hay algunas formas de lograrlo:

1. Expansión geográfica: Llevar la marca a nuevos mercados geográficos, ya sea a nivel nacional o internacional. Esto puede implicar adaptar la estrategia de branding para satisfacer las necesidades y preferencias de los consumidores en diferentes regiones.

2. Diversificación de productos o servicios: Introducir nuevos productos o servicios que complementen la oferta existente de la marca. Esto puede ayudar a atraer a nuevos segmentos de clientes y a aumentar la participación en el mercado.

3. Extensiones de línea: Ampliar la línea de productos existente mediante la introducción de variaciones o versiones relacionadas. Por ejemplo, una marca de ropa deportiva podría expandirse para incluir ropa casual o accesorios.

4. Expansión de categoría: Ingresar en categorías de productos o servicios completamente nuevas que estén relacionadas con el núcleo de la marca pero que representen oportunidades de crecimiento. Por ejemplo, una marca de alimentos saludables podría expandirse para incluir productos de cuidado personal o suplementos nutricionales.

5. Co-branding y asociaciones estratégicas: Colaborar con otras marcas o empresas en iniciativas conjuntas para aprovechar mutuamente la base de clientes y la experiencia en el mercado.

6. Expansión digital: Aprovechar las oportunidades en el espacio digital para llegar a nuevos clientes y ampliar la presencia de la marca en línea. Esto puede incluir la venta en línea, la creación de contenido digital y la participación en redes sociales.

7. Adquisiciones y fusiones: Considerar la adquisición de otras marcas o empresas para diversificar el portafolio y aprovechar sinergias en el mercado.

Es importante que cualquier estrategia de expansión y diversificación esté alineada con la identidad y los valores de la marca, y que se realice de manera coherente y cuidadosa para mantener la confianza y lealtad de los clientes existentes mientras se atraen nuevos segmentos de mercado.

Medición y Evaluación del Impacto de la Marca
La medición y evaluación del impacto de la marca en el branding son fundamentales para entender cómo está siendo percibida la marca y qué efecto tiene en los consumidores y en el negocio en general. Aquí hay algunas formas de medir y evaluar el impacto de la marca:

1. Encuestas y estudios de mercado: Realizar encuestas y estudios de mercado para medir la conciencia de marca, la percepción de la marca, la preferencia del consumidor y la lealtad a la marca. Estas encuestas pueden incluir preguntas sobre el reconocimiento del logotipo, asociaciones de marca, atributos de marca y comportamiento de compra.

2. Análisis de métricas digitales: Utilizar herramientas de análisis web y redes sociales para rastrear el tráfico del sitio web, las interacciones en redes sociales, el alcance de la marca, la participación del público y otras métricas digitales relevantes. Esto puede proporcionar información sobre la efectividad de las campañas de marketing digital y el compromiso del consumidor en línea.

3. Seguimiento de la reputación de la marca: Monitorear la percepción de la marca en medios de comunicación, redes sociales, sitios web de reseñas y otros canales para identificar tendencias y temas emergentes que puedan afectar la reputación de la marca. Esto puede ayudar a detectar problemas de reputación temprano y tomar medidas correctivas.

4. Medición del valor de la marca: Utilizar metodologías como el valor de marca económico o el valor de marca financiero para cuantificar el impacto financiero de la marca en el negocio. Esto puede incluir el cálculo de la prima de precio de la marca, la contribución de la marca a las ventas y la valoración de activos intangibles relacionados con la marca.

5. Evaluación del compromiso del empleado: Medir el compromiso y la satisfacción de los empleados con la marca, ya que los empleados comprometidos suelen ser defensores más sólidos de la marca y pueden influir en la experiencia del cliente.

6. Comparación con la competencia: Realizar análisis comparativos con la competencia para evaluar cómo se posiciona la marca en relación con otras marcas en el mercado. Esto puede incluir comparaciones de precios, calidad percibida, percepción de la marca y cuota de mercado.

7. Evaluación del retorno de la inversión (ROI) de branding: Evaluar el ROI de las iniciativas de branding midiendo cómo afectan las acciones de branding a los resultados comerciales, como las ventas, la participación de mercado y la rentabilidad.

Al utilizar una combinación de estas técnicas de medición y evaluación, las empresas pueden obtener una comprensión completa del impacto de su marca en el mercado y tomar decisiones informadas para mejorar y fortalecer su branding.

Casos de Estudio y Ejemplos de Éxito

En esta parte me gustaría dar algunos ejemplos presentando casos de estudio y ejemplos de marcas exitosas que han implementado estrategias efectivas de branding empresarial, ofreciendo lecciones y aprendizajes prácticos para los lectores.

1. Apple: Apple es conocida por su branding distintivo y emocional que se centra en la innovación, el diseño elegante y la simplicidad. Desde sus campañas publicitarias hasta la presentación de productos, Apple ha creado una experiencia de marca coherente y memorable que ha cultivado una base de clientes leales en todo el mundo.

2. Nike: Nike es reconocida por su branding centrado en el deporte, la superación personal y el empoderamiento. La marca ha construido una imagen de atletismo, inspiración y excelencia a través de campañas publicitarias emotivas, patrocinios de deportistas de élite y productos de alta calidad.

3. Coca-Cola: Coca-Cola ha creado una de las marcas más reconocidas y valiosas del mundo mediante el establecimiento de una identidad visual icónica, mensajes de marca universales como la felicidad y la alegría, y una presencia global consistente.

4. Amazon: Amazon ha construido su marca en torno a la conveniencia, la variedad de productos y la confiabilidad. Su branding se centra en la promesa de ofrecer la selección más amplia, precios competitivos y entregas rápidas, lo que ha generado una base de clientes fiel y una posición dominante en el comercio electrónico.

5. Tesla: Tesla ha revolucionado la industria automotriz con su branding centrado en la innovación, la sostenibilidad y el lujo. La marca ha creado una narrativa emocionante alrededor de los vehículos eléctricos de alta gama, combinando tecnología avanzada con un diseño elegante y una experiencia de conducción emocionante.

Estos son solo algunos ejemplos de marcas que han logrado el éxito mediante la implementación de estrategias efectivas de branding empresarial. Cada una de estas marcas ha sabido diferenciarse en el mercado, conectar emocionalmente con su audiencia y mantener una identidad de marca coherente a lo largo del tiempo.

LA AUTENTICIDAD EN LAS VENTAS
LA IMPORTANCIA DE VENDER LO QUE VERDADERAMENTE SE COMPRARÍA

SI LO CREES, LO ERES

La autenticidad y la credibilidad son fundamentales para establecer relaciones sólidas con los clientes y lograr el éxito a largo plazo.
Es importante saber la premisa de que nadie puede vender eficazmente un producto o servicio que no compraría personalmente, y cómo esta autenticidad influye en el proceso de ventas.

Conexión con el Producto o Servicio:
Cuando un vendedor genuinamente cree en el producto o servicio que está vendiendo, transmite una sensación de autenticidad y pasión que resuena con los clientes. Esta conexión emocional con el producto o servicio es evidente en su forma de hablar sobre él, su entusiasmo y su capacidad para transmitir los beneficios de manera convincente.

Construcción de Confianza:
Los clientes pueden percibir fácilmente cuando un vendedor está tratando de vender algo en lo que no cree realmente. La falta de autenticidad puede generar desconfianza y escepticismo por parte del cliente, lo que dificulta la construcción de una relación sólida y duradera. Por otro lado, cuando un vendedor actúa con sinceridad y transparencia, se establece una base sólida de confianza y credibilidad.

Éxito a Largo Plazo:
Si bien es posible realizar una venta ocasional sin una conexión genuina con el producto o servicio, el éxito a largo plazo en el mundo de las ventas se basa en la construcción de relaciones sólidas y duraderas con los clientes. Esto requiere una autenticidad constante en cada interacción, ya que los clientes valoran la honestidad y la integridad en sus relaciones comerciales.

Entendiendo las Necesidades del Cliente:
Un vendedor auténtico se preocupa por comprender verdaderamente las necesidades y deseos del cliente. Esta actitud orientada al cliente permite al vendedor ofrecer soluciones personalizadas que realmente satisfagan las necesidades del cliente, en lugar de simplemente tratar de vender un producto o servicio por el bien de la venta.

Cultivando Relaciones a Largo Plazo:
La autenticidad en las ventas no se trata solo de cerrar una venta, sino de cultivar relaciones a largo plazo con los clientes. Un vendedor auténtico se preocupa por el éxito y la satisfacción del cliente incluso después de que se haya realizado la venta, lo que lleva a referencias positivas, lealtad del cliente y oportunidades de ventas adicionales en el futuro.

La premisa de que nadie puede vender eficazmente lo que no compraría personalmente subraya la importancia de la autenticidad y la conexión emocional en el proceso de ventas. Al vender productos o servicios en los que se cree genuinamente, los vendedores pueden construir relaciones sólidas, cultivar la confianza del cliente y lograr el éxito a largo plazo en el mundo de las ventas. La autenticidad no solo es una herramienta poderosa para cerrar ventas, sino también para construir relaciones significativas y duraderas con los clientes.

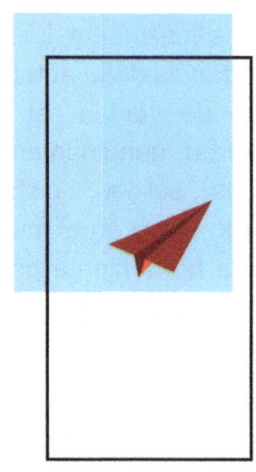

ESTRATEGIAS PROFESIONALES PARA MERCADEAR TU PRODUCTO O SERVICIO

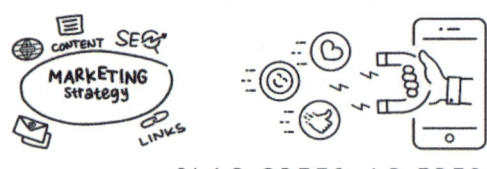

SI LO CREES, LO ERES

El éxito de un producto o servicio no solo depende de su calidad, sino también de cómo se comercializa. El marketing profesional es esencial para destacar entre la multitud, captar la atención del público objetivo y generar ventas sostenibles a largo plazo. Vamos a ver algunas estrategias clave para mercadear tu producto o servicio de manera profesional.

Conoce a tu Audiencia:
Antes de lanzar cualquier campaña de marketing, es fundamental comprender a quién te estás dirigiendo. Realiza investigaciones de mercado para identificar las necesidades, deseos y comportamientos de tu audiencia objetivo. Cuanto mejor entiendas a tu público, más efectivas serán tus estrategias de marketing para conectar con ellos de manera significativa.

Desarrolla una Propuesta de Valor Clara:
Define claramente qué hace que tu producto o servicio sea único y valioso para tu audiencia. ¿Qué problemas resuelve? ¿Qué beneficios ofrece? Articula tu propuesta de valor de manera concisa y convincente en todas tus comunicaciones de marketing para

destacarte entre la competencia y atraer la atención de tus clientes potenciales.

Utiliza una Estrategia Multicanal:
Diversifica tus esfuerzos de marketing utilizando una variedad de canales, como redes sociales, publicidad en línea, correo electrónico, contenido de blog, eventos y relaciones públicas. Adaptar tu mensaje a cada canal y segmento de audiencia te permitirá maximizar tu alcance y llegar a tus clientes potenciales donde sea que estén.

Crea Contenido Relevante y Atractivo:
El contenido de calidad es fundamental para atraer y retener la atención de tu audiencia. Crea contenido relevante, informativo y atractivo que resuene con los intereses y necesidades de tu público objetivo. Utiliza una variedad de formatos, como videos, infografías, artículos de blog y podcasts, para mantener la atención y el compromiso de tu audiencia.

Construye Relaciones Duraderas:
El marketing profesional va más allá de simplemente vender un producto o servicio; se trata de construir relaciones duraderas con tus clientes. Fomenta la interacción y el compromiso a través de las redes sociales, el correo electrónico y otros canales de comunicación. Escucha activamente los comentarios de tus clientes y responde de manera rápida y efectiva para demostrarles que valoras su opinión y su lealtad.

Mide y Optimiza Constantemente:
El éxito del marketing profesional se basa en la capacidad de medir y analizar el rendimiento de tus estrategias y ajustarlas según sea necesario. Utiliza herramientas de análisis para rastrear métricas clave, como el tráfico del sitio web, las tasas de conversión y el compromiso en las redes sociales. A partir de estos datos, identifica

áreas de mejora y realiza ajustes continuos para optimizar tus esfuerzos de marketing y maximizar el retorno de la inversión.

El marketing profesional es fundamental para el éxito de cualquier producto o servicio en el mercado actual. Al conocer a tu audiencia, desarrollar una propuesta de valor clara, utilizar una estrategia multicanal, crear contenido relevante, construir relaciones duraderas y medir y optimizar constantemente tus esfuerzos de marketing, puedes aumentar la visibilidad de tu marca, generar interés en tu producto o servicio y, en última instancia, impulsar el crecimiento y la rentabilidad de tu negocio.

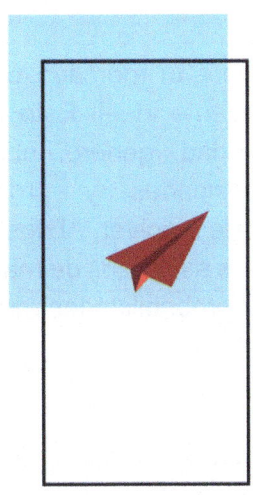

IDENTIFICANDO A TU CLIENTE POTENCIAL
EL ARTE DE LA SEGMENTACIÓN

SI LO CREES, LO ERES

Conocer al cliente potencial es fundamental para el éxito de cualquier empresa. Sin embargo, comprender quiénes son realmente tus clientes potenciales y qué los motiva puede ser un desafío.

Cómo identificar a tu cliente potencial mediante el arte de la segmentación.

Investigación de Mercado:
La investigación de mercado es el primer paso crucial para identificar a tu cliente potencial. Esta investigación puede incluir encuestas, entrevistas, análisis de datos demográficos y estudios de tendencias de mercado. Al comprender las características demográficas, psicográficas y comportamentales de tu audiencia, puedes segmentar tu mercado e identificar grupos específicos de clientes potenciales.

Perfil del Cliente Ideal:
Una vez que hayas recopilado datos sobre tu mercado objetivo, puedes crear un perfil detallado de tu cliente ideal. Esto implica identificar características clave, como edad, género, ubicación geográfica, ingresos, intereses, necesidades y problemas específicos que tu producto o servicio puede resolver. Al desarrollar un perfil del cliente ideal, puedes enfocar tus esfuerzos de marketing y ventas en aquellos que tienen más probabilidades de estar interesados en lo que ofreces.

Segmentación del Mercado:
La segmentación del mercado es el proceso de dividir un mercado en grupos más pequeños y homogéneos con características y necesidades similares. Esto te permite dirigirte de manera más efectiva a cada segmento con mensajes y ofertas específicas que resuenen con sus intereses y preocupaciones. Al segmentar tu mercado, puedes identificar a tus clientes potenciales más prometedores y personalizar tus estrategias de marketing para satisfacer sus necesidades únicas.

Uso de Datos y Analíticas:
El uso de datos y analíticas puede proporcionar información valiosa sobre el comportamiento y las preferencias de tus clientes potenciales. Esto puede incluir datos de comportamiento en línea, historial de compras, interacciones en redes sociales y métricas de rendimiento de campañas de marketing. Al analizar estos datos, puedes identificar patrones y tendencias que te ayuden a refinar tu perfil de cliente ideal y ajustar tus estrategias de marketing para maximizar el compromiso y las conversiones.

Pruebas y Experimentación:
El proceso de identificar a tu cliente potencial puede ser iterativo y requiere pruebas y experimentación continuas. Prueba diferentes

enfoques de segmentación, mensajes de marketing y canales de comunicación para ver qué resonará mejor con tu audiencia. Realiza encuestas, grupos focales y pruebas A/B para recopilar comentarios y obtener información adicional sobre las preferencias y necesidades de tus clientes potenciales.

Identificar a tu cliente potencial es un proceso multifacético que requiere investigación, análisis y experimentación. Al utilizar técnicas de segmentación de mercado, crear perfiles detallados de clientes ideales, analizar datos y analíticas, y realizar pruebas y experimentación continuas, puedes obtener una comprensión más profunda de quiénes son tus clientes potenciales y cómo puedes llegar a ellos de manera más efectiva. Al hacerlo, puedes maximizar el éxito de tus esfuerzos de marketing y ventas y construir relaciones sólidas y duraderas con tus clientes.

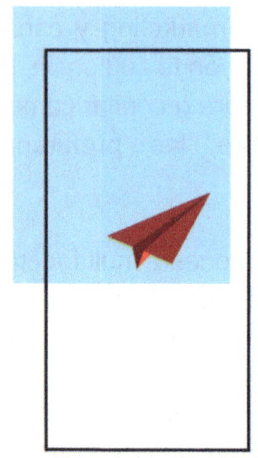

LA SÍNTESIS DE PSICOLOGÍA Y MERCADEO
COMPRENDIENDO AL CONSUMIDOR Y MAXIMIZANDO EL IMPACTO

SI LO CREES, LO ERES

En el mercadeo, comprender la mente del consumidor es fundamental para diseñar estrategias efectivas que generen impacto y conduzcan al éxito empresarial. En esta parte quiero desarrollar la poderosa sinergia entre la psicología y el mercadeo, y cómo esta combinación puede proporcionar una comprensión más profunda del comportamiento del consumidor y facilitar la creación de experiencias de marca significativas.

Psicología del Consumidor:
La psicología del consumidor se enfoca en comprender cómo las personas toman decisiones de compra y cómo sus actitudes, emociones y percepciones influyen en sus elecciones. Explora conceptos como la motivación, la percepción, el aprendizaje, la memoria y la personalidad para desentrañar los procesos mentales detrás del comportamiento del consumidor.

Investigación de Mercado:
La investigación de mercado utiliza métodos psicológicos y estadísticos para recopilar y analizar datos sobre las preferencias, necesidades y comportamientos de los consumidores. Esto incluye

técnicas como encuestas, entrevistas, grupos focales y análisis de datos para obtener una comprensión más profunda de los segmentos de mercado y las tendencias del consumidor.

Segmentación de Mercado:
La segmentación de mercado se basa en principios psicológicos para dividir el mercado en grupos homogéneos de consumidores con características y necesidades similares. Esto permite a las empresas adaptar sus estrategias de mercadeo para satisfacer las necesidades específicas de cada segmento, maximizando así la relevancia y el impacto de sus mensajes.

Comportamiento del Consumidor en Línea:
La psicología también desempeña un papel importante en el comportamiento del consumidor en línea, influenciando cómo las personas interactúan con los sitios web, las redes sociales y otras plataformas digitales. Los principios de diseño de experiencia de usuario (UX) y la psicología del color, la tipografía y el diseño influyen en la percepción y la respuesta del usuario en línea.

Neuromarketing:
El neuromarketing utiliza técnicas de neurociencia para estudiar las respuestas cerebrales de los consumidores a estímulos de marketing. Esto incluye el uso de la resonancia magnética funcional (fMRI) y la electroencefalografía (EEG) para medir la actividad cerebral y comprender cómo los estímulos visuales, auditivos y emocionales afectan las decisiones de compra.

Creación de Experiencias de Marca:
La comprensión de la psicología del consumidor permite a las empresas diseñar experiencias de marca que resuenen emocionalmente con los consumidores. Esto incluye el uso de

storytelling, emociones y valores compartidos para crear conexiones más profundas y duraderas con la audiencia.

La sinergia entre la psicología y el mercadeo es una herramienta poderosa para comprender al consumidor y maximizar el impacto de las estrategias de mercadeo. Al combinar los principios psicológicos con las estrategias de mercadeo, las empresas pueden crear experiencias de marca más auténticas y relevantes que generen lealtad y engagement a largo plazo. En un mundo cada vez más competitivo, esta comprensión profunda del consumidor es fundamental para diferenciarse y destacar en el mercado.

No importa que tan bien plantees lo anterior, si no tienes un buen equipo de ventas, lo que hiciste no sirvió de nada.

El neuromarketing es una disciplina que utiliza conocimientos de neurociencia para entender cómo funciona el cerebro de los consumidores y cómo influye en sus decisiones de compra.

Para aumentar las ventas en las empresas, el neuromarketing se utiliza para diseñar estrategias que aprovechan los procesos mentales y emocionales de los clientes. Esto puede incluir técnicas como el diseño de productos y embalajes que estimulan ciertas áreas del cerebro, la creación de anuncios que despierten emociones específicas, la optimización de la experiencia del cliente en puntos de venta, entre otras.

El neuromarketing busca comprender y aprovechar los mecanismos cerebrales para mejorar la efectividad de las estrategias de marketing y, en última instancia, aumentar las ventas de las empresas.

Existen diversas técnicas de neuromarketing que las empresas utilizan para influir en las decisiones de compra de los consumidores. Algunas de estas técnicas incluyen:

Eye tracking: Seguimiento ocular para entender qué áreas de un anuncio o empaque atraen más la atención de los consumidores, lo que permite optimizar el diseño visual para maximizar el impacto.

Medición de la respuesta emocional: Uso de técnicas para medir las respuestas emocionales de los consumidores, como la conductancia de la piel (GSR) o la expresión facial, para evaluar cómo reaccionan ante estímulos de marketing y ajustar las estrategias en consecuencia.

Estímulos sensoriales: Integración de estímulos sensoriales como colores, sonidos y aromas en el diseño de productos, puntos de venta y publicidad para crear una experiencia multisensorial que genere una conexión emocional con la marca.

Neurolingüística: Utilización de técnicas basadas en el lenguaje y la comunicación para influir en las percepciones y decisiones de los consumidores, como el uso de palabras clave y la narrativa persuasiva en la publicidad y el contenido de marketing.

Estas son solo algunas de las técnicas de neuromarketing que las empresas emplean para comprender mejor el comportamiento del consumidor y diseñar estrategias más efectivas para aumentar las ventas.

Un ejemplo de cómo se utilizan los estímulos sensoriales en el neuromarketing para productos es la industria de alimentos y bebidas. Las empresas en este sector a menudo aprovechan los estímulos sensoriales como el color, el aroma, el sabor y la textura para influir en las percepciones y preferencias de los consumidores.

Por ejemplo, una empresa de helados puede utilizar colores brillantes y llamativos en su empaque para atraer la atención de los consumidores en el punto de venta. Además, pueden incorporar aromas agradables que se liberen al abrir el empaque, lo que despierta el sentido del olfato y crea una experiencia sensorial positiva incluso antes de probar el producto.

En cuanto al sabor y la textura, los fabricantes de alimentos y bebidas pueden realizar pruebas para ajustar la formulación de sus productos de manera que generen una experiencia sensorial satisfactoria para los consumidores. Por ejemplo, un fabricante de galletas puede experimentar con diferentes niveles de dulzura y texturas crujientes para encontrar la combinación óptima que genere una respuesta positiva en el paladar de los consumidores.

El neuromarketing se utiliza en la industria de alimentos y bebidas para crear productos que estimulen los sentidos de los consumidores de manera que generen una conexión emocional y aumenten las posibilidades de compra.

Desde hace décadas, los expertos en marketing han reconocido el poder que los colores tienen sobre nuestras emociones y decisiones de compra.

La psicología del color se ha convertido en una herramienta fundamental para las empresas que buscan influir en las percepciones y comportamientos de los consumidores. En esta parte me gustaría explicarte como algunos colores específicos afectan nuestro cerebro al momento de comprar un producto, y cómo las empresas pueden aprovechar esta comprensión para mejorar sus estrategias de ventas

El impacto de los colores en nuestras emociones:

Los colores tienen el poder de evocar una amplia gama de emociones y asociaciones en nuestro cerebro. Por ejemplo, el rojo puede despertar sentimientos de pasión y urgencia, mientras que el azul tiende a transmitir calma y confianza. Estas asociaciones emocionales influyen en cómo percibimos los productos y en nuestras decisiones de compra.

El rojo, el color de la acción y la urgencia:
El rojo es un color que a menudo se asocia con la energía, la pasión y la urgencia. En el contexto de las ventas, el rojo puede ser utilizado para captar la atención de los consumidores y crear una sensación de urgencia que los impulse a actuar rápidamente. Por ejemplo, los carteles de descuento con letras rojas resaltadas suelen atraer la atención de los compradores y generar la sensación de que están perdiendo una oportunidad si no actúan de inmediato.

El azul, el color de la confianza y la tranquilidad:
El azul es un color que se asocia comúnmente con la calma, la confianza y la estabilidad. En el contexto de las ventas, el azul puede ser utilizado para transmitir una sensación de fiabilidad y profesionalismo. Por ejemplo, muchas empresas financieras y de tecnología utilizan el azul en sus logotipos y materiales de marketing para inspirar confianza en sus productos y servicios.

El verde, el color de la naturaleza y la salud:
El verde es un color que se asocia con la naturaleza, la frescura y la salud. En el ámbito de las ventas, el verde puede ser utilizado para promover productos relacionados con la salud, la belleza y el bienestar. Por ejemplo, las marcas de productos orgánicos y ecológicos a menudo utilizan el verde en su branding para destacar su compromiso con la sostenibilidad y el cuidado del medio ambiente.

La psicología del color juega un papel fundamental en las estrategias de ventas de las empresas. Los colores tienen el poder de influir en nuestras emociones y percepciones, lo que a su vez afecta nuestras decisiones de compra. Al comprender cómo ciertos colores afectan nuestro cerebro al momento de comprar un producto, las empresas pueden utilizar esta información para diseñar estrategias de marketing más efectivas y aumentar sus ventas.

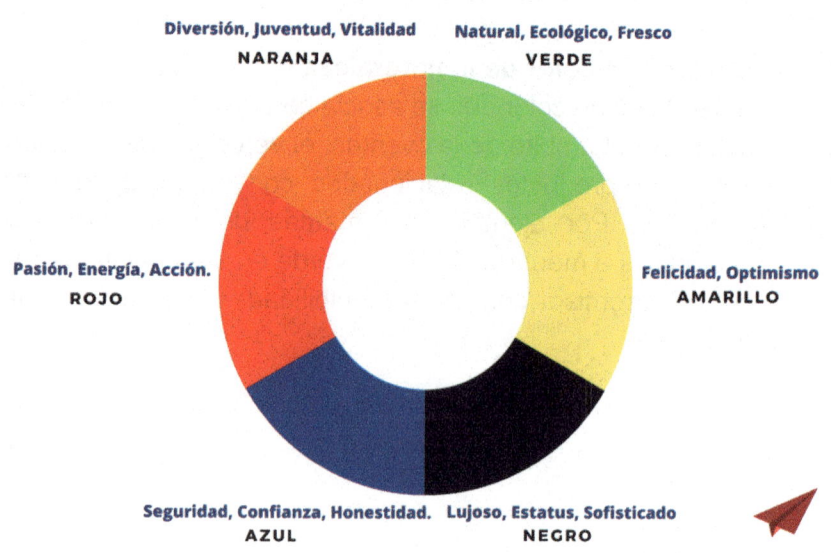

SI LO CREES, LO ERES

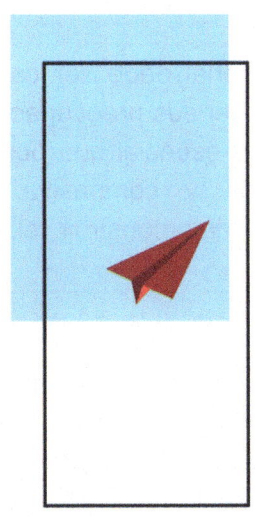

CLAVES PARA TENER UN EQUIPO DE ATENCIÓN AL CLIENTE PROFESIONAL

CÓMO CONSTRUIR RELACIONES DURADERAS Y SATISFACCIÓN DEL CLIENTE

SI LO CREES, LO ERES

En el mundo empresarial actual, la atención al cliente se ha convertido en un componente crucial para el éxito de cualquier empresa. Un equipo de atención al cliente profesional no solo resuelve problemas y responde preguntas, sino que también construye relaciones duraderas y fomenta la lealtad del cliente. Quiero compartirte algunas claves para tener un equipo de atención al cliente profesional y efectivo.

Selección y Capacitación:
La clave para tener un equipo de atención al cliente profesional comienza con la selección adecuada y una capacitación exhaustiva. Es fundamental reclutar personas con habilidades de comunicación excepcionales, empatía y paciencia. Además, proporcionar capacitación continua en productos, políticas de la empresa y habilidades de servicio al cliente garantiza que el equipo esté bien preparado para abordar las necesidades de los clientes de manera efectiva.

Empatía y Comprensión:
Un equipo de atención al cliente profesional debe ser capaz de ponerse en el lugar del cliente y comprender sus preocupaciones y necesidades. La empatía es una cualidad esencial que permite al equipo responder de manera sensible y compasiva a las preocupaciones de los clientes, lo que ayuda a construir relaciones sólidas y fomentar la confianza.

Comunicación Clara y Efectiva:
La comunicación clara y efectiva es fundamental para un servicio al cliente profesional. Los miembros del equipo deben ser capaces de expresarse de manera clara y concisa, tanto verbalmente como por escrito. Además, deben escuchar activamente las preocupaciones de los clientes, hacer preguntas claras para comprender completamente el problema y proporcionar respuestas y soluciones de manera oportuna.

Resolución de Problemas:
Un equipo de atención al cliente profesional debe ser hábil en la resolución de problemas. Esto implica identificar rápidamente la causa raíz de los problemas de los clientes, ofrecer soluciones efectivas y seguir el problema hasta su resolución completa. Además, el equipo debe ser proactivo en la identificación y resolución de problemas recurrentes para mejorar continuamente la experiencia del cliente.

Adaptabilidad y Flexibilidad:
En un entorno empresarial dinámico, la adaptabilidad y la flexibilidad son esenciales. El equipo de atención al cliente debe ser capaz de adaptarse a diferentes situaciones y necesidades de los clientes, así como a los cambios en los procesos y políticas de la empresa. Esto requiere una mentalidad abierta, capacidad de pensar rápido y disposición para aprender y crecer.

Cultura de Servicio al Cliente:
Por último, pero no menos importante, es crucial fomentar una cultura de servicio al cliente en toda la organización. Esto implica inculcar valores de servicio al cliente en todos los niveles de la empresa, desde la alta dirección hasta los empleados de primera línea. Cuando todos en la organización están comprometidos con la excelencia en el servicio al cliente, se crea un ambiente que promueve la satisfacción del cliente y el éxito empresarial.

Tener un equipo de atención al cliente profesional requiere una combinación de selección cuidadosa, capacitación exhaustiva y desarrollo de habilidades clave. Al enfocarse en la empatía, la comunicación clara, la resolución de problemas, la adaptabilidad y la cultura de servicio al cliente, las empresas pueden construir relaciones duraderas con los clientes y diferenciarse en un mercado competitivo. Un equipo de atención al cliente profesional no solo resuelve problemas, sino que también crea experiencias memorables que impulsan la lealtad y el crecimiento del negocio.

LA ESCUCHA ACTIVA
EL SECRETO DEL ÉXITO EN LAS VENTAS

SI LO CREES, LO ERES

En las ventas, el arte de escuchar activamente a los clientes es una habilidad fundamental que puede marcar la diferencia entre el éxito y el fracaso. Hablemos de cómo desarrollar y perfeccionar la capacidad de escuchar a los clientes antes de vender, y cómo esta habilidad puede mejorar significativamente los resultados comerciales y la satisfacción del cliente.

La Importancia de la Escucha Activa en las Ventas

La escucha activa desempeña un papel fundamental en las ventas por varias razones importantes:

1. Entender las necesidades del cliente: Al escuchar activamente, los vendedores pueden comprender mejor las necesidades, deseos y preocupaciones de los clientes. Esto les permite adaptar su enfoque de ventas y ofrecer soluciones que satisfagan las necesidades específicas de cada cliente.

2. Construir relaciones más sólidas: La escucha activa demuestra al cliente que el vendedor está genuinamente interesado en entender su situación y ayudarlo a encontrar la mejor solución posible. Esto ayuda a construir confianza y credibilidad, lo que es fundamental para establecer relaciones duraderas y exitosas con los clientes.

3. Identificar oportunidades de venta: Al escuchar activamente, los vendedores pueden identificar oportunidades adicionales de venta al descubrir necesidades o problemas que el cliente puede no haber mencionado inicialmente. Esto les permite ofrecer productos o servicios adicionales que complementen la compra original y agreguen valor al cliente.

4. Superar objeciones de manera efectiva: La escucha activa permite a los vendedores identificar y abordar objeciones de manera proactiva al comprender las preocupaciones y reservas del cliente. Esto les permite responder de manera efectiva y persuasiva, aumentando las posibilidades de cerrar la venta.

5. Mejorar la satisfacción del cliente: Al escuchar activamente, los vendedores pueden garantizar que están satisfaciendo las necesidades del cliente de manera efectiva y proporcionando una experiencia de compra positiva. Esto aumenta la satisfacción del cliente y la probabilidad de que vuelvan a comprar en el futuro.

La escucha activa es esencial en las ventas porque ayuda a los vendedores a entender mejor a sus clientes, construir relaciones sólidas, identificar oportunidades de venta, superar objeciones y mejorar la satisfacción del cliente. Esto, a su vez, contribuye al éxito a largo plazo del equipo de ventas y de la empresa en general.

Cómo Escuchar Efectivamente a tus Clientes
Aprender a escuchar efectivamente a tus clientes es una habilidad clave para cualquier vendedor o profesional de servicio al cliente.

Aquí hay algunos ejercicios prácticos que pueden ayudarte a mejorar tus habilidades de escucha:

1. Práctica de escucha activa: Dedica tiempo a practicar la escucha activa con amigos, familiares o colegas. Tómate turnos para compartir algo y practica escuchar sin interrumpir, haciendo preguntas de seguimiento y mostrando interés genuino en lo que la otra persona está diciendo.

2. Juego del resumen: Después de una conversación o interacción con un cliente, intenta resumir lo que han dicho. Esto te ayudará a asegurarte de que has entendido correctamente sus puntos clave y a practicar la habilidad de sintetizar información.

3. Escucha reflexiva: Practica la escucha reflexiva repitiendo o parafraseando lo que el cliente ha dicho para confirmar que lo has entendido correctamente. Por ejemplo, podrías decir: "Entonces, lo que estás diciendo es que...", y luego resumir lo que has entendido.

4. Preguntas abiertas: Práctica hacer preguntas abiertas que fomenten la conversación y den al cliente la oportunidad de expresar sus pensamientos y sentimientos en detalle. Evita hacer preguntas cerradas que puedan ser respondidas con un simple "sí" o "no".

5. Escucha empática: Practica la escucha empática mostrando empatía y comprensión hacia las emociones y preocupaciones del cliente. Esto implica escuchar no solo lo que se está diciendo, sino también cómo se está diciendo y cuáles pueden ser las emociones subyacentes.

6. Simulaciones de ventas: Realiza simulaciones de ventas con colegas o en sesiones de entrenamiento donde puedas practicar la escucha activa en situaciones de ventas reales. Esto te ayudará a desarrollar la confianza y las habilidades necesarias para escuchar efectivamente a los clientes durante las interacciones de ventas.

7. Recibir retroalimentación: Pide retroalimentación a tus clientes sobre tu habilidad para escuchar durante las interacciones de ventas. Esto te proporcionará información valiosa sobre áreas en las que puedes mejorar y te ayudará a desarrollar una comprensión más profunda de las necesidades y expectativas de tus clientes.

Al practicar regularmente estos ejercicios, podrás mejorar tus habilidades de escucha y proporcionar un mejor servicio a tus clientes, lo que a su vez aumentará tu efectividad como vendedor o profesional de servicio al cliente.

Identificar y Resolver Problemas del Cliente
Identificar y resolver los problemas del cliente requiere habilidades de escucha efectiva y un enfoque proactivo para comprender las necesidades y preocupaciones del cliente. Aquí hay algunos pasos que puedes seguir para aprender a identificar y resolver los problemas del cliente a través de la escucha:

1. Escucha a tu Cliente: Presta atención completa a lo que el cliente está diciendo, tanto verbal como no verbalmente. Escucha no sólo las palabras que dicen, sino también el tono de voz, las expresiones faciales y el lenguaje corporal para captar todas las señales que puedan indicar un problema o una preocupación.

2. Haz preguntas claras y específicas: Utiliza preguntas abiertas para animar al cliente a compartir más detalles sobre su situación y sus necesidades. Esto te ayudará a obtener una comprensión más profunda del problema y a identificar posibles soluciones.

3. Repite y resume: Después de que el cliente haya compartido su problema, repite o resume lo que has entendido para confirmar que has captado correctamente sus preocupaciones. Esto demuestra al cliente que estás escuchando activamente y que te importa entender su situación.

4. Explora más a fondo: Una vez que hayas identificado el problema inicial, profundiza en él haciendo preguntas de seguimiento para obtener más información. Esto te ayudará a comprender la causa raíz del problema y a encontrar una solución más efectiva.

5. Proporciona soluciones adecuadas: Una vez que hayas identificado el problema del cliente, ofrece soluciones que sean adecuadas y relevantes para resolver su situación. Asegúrate de explicar claramente cómo tu producto o servicio puede ayudar a abordar su problema específico.

6. Sigue el progreso: Después de implementar una solución, sigue el progreso del cliente para asegurarte de que el problema se haya resuelto de manera satisfactoria. Si es necesario, haz ajustes o proporciona apoyo adicional para garantizar la satisfacción del cliente a largo plazo.

7. Solicita retroalimentación: Pide retroalimentación al cliente sobre la solución proporcionada y su experiencia general. Esto te ayudará a comprender lo que funcionó bien y lo que podría mejorarse en el futuro para resolver problemas de manera más efectiva.

Construir Relaciones de Confianza
Construir una relación de confianza con el cliente es esencial para establecer una base sólida para una colaboración exitosa a largo plazo. Aquí hay algunas estrategias clave para construir esta relación:

1. Ponte en los zapatos del Cliente: Demuestra interés genuino en las necesidades y preocupaciones del cliente mediante la escucha activa. Presta atención a lo que dicen, haz preguntas claras para comprender mejor su situación y muestra empatía hacia sus experiencias.

2. Cumple tus promesas: Es importante cumplir con lo que prometes. Si dices que harás algo por el cliente, asegúrate de hacerlo y en el tiempo acordado. La consistencia y la fiabilidad son fundamentales para construir confianza.

3. Sé transparente: Sé honesto y transparente en todas tus interacciones con el cliente. Comunica claramente los términos y condiciones de tus productos o servicios, así como cualquier limitación o riesgo asociado.

4. Ofrece valor agregado: Busca oportunidades para proporcionar valor adicional al cliente más allá de tus productos o servicios básicos. Esto puede incluir brindar consejos útiles, recursos gratuitos o soluciones personalizadas que satisfagan sus necesidades específicas.

5. Sé accesible y receptivo: Establece canales de comunicación abiertos y accesibles para que el cliente pueda contactar fácilmente en caso de preguntas, preocupaciones o problemas. Responde de manera oportuna y profesional a todas las consultas del cliente.

6. Mantén una actitud positiva y profesional: Mantén una actitud positiva y profesional en todas tus interacciones con el cliente, incluso en situaciones difíciles. Trata a cada cliente con respeto y cortesía, independientemente de las circunstancias.

7. Solicita y valora la retroalimentación: Pide regularmente la opinión del cliente sobre su experiencia y cómo puedes mejorar.

Valora su retroalimentación y demuestra que estás comprometido en hacer los ajustes necesarios para satisfacer sus necesidades y expectativas.

8. Celebra los éxitos juntos: Reconoce y celebra los logros e hitos importantes junto con el cliente. Esto ayuda a fortalecer la relación y a construir un sentido colaboración.

Superar Objeciones y Obstáculos

Superar objeciones y obstáculos con el cliente es una habilidad crucial para cerrar ventas y mantener relaciones sólidas con los clientes. Aquí hay algunas estrategias efectivas para manejar estas situaciones:

1. Escucha, escucha, escucha y sigue escuchando: Escucha con atención las objeciones del cliente para comprender completamente sus preocupaciones. Evita interrumpir y demuestra empatía hacia sus puntos de vista.

2. Valida las preocupaciones del cliente: Reconoce las objeciones del cliente y valida sus preocupaciones para mostrar que las entiendes y las tomas en serio. Esto ayuda a establecer una conexión emocional y a construir confianza.

3. Responde con información relevante: Proporciona información clara y relevante que aborde las objeciones del cliente de manera directa y persuasiva. Utiliza ejemplos, estadísticas o testimonios para respaldar tus argumentos.

4. Ofrece soluciones alternativas: Si el cliente plantea una objeción legítima, propón soluciones alternativas que puedan satisfacer sus necesidades. Esto puede incluir ajustar el producto o servicio, ofrecer descuentos o agregar valor adicional.

5. Anticipa y aborda objeciones comunes: Identifica las objeciones comunes que puedan surgir durante el proceso de ventas y prepárate para abordarlas de manera proactiva. Desarrolla respuestas convincentes y prácticas para superar estas objeciones antes de que se presenten.

6. Maneja las objeciones con confianza y calma: Mantén la calma y la confianza en ti mismo mientras manejas las objeciones del cliente. Evita ponerse a la defensiva o ser agresivo, y en su lugar, mantén una actitud profesional y amigable.

7. Pregunta para clarificar: Si no estás seguro de la naturaleza de la objeción del cliente, haz preguntas para obtener más claridad y comprensión. Esto te ayudará a abordar el problema subyacente de manera más efectiva.

8. Cerrar con confianza: Una vez que hayas superado las objeciones del cliente y estén listos para avanzar, cierra la venta con confianza. Confirma su acuerdo y procede con el siguiente paso del proceso de ventas.

Cerrar Ventas de Forma Efectiva
Cerrar una venta de manera efectiva requiere habilidades de comunicación, persuasión y comprensión de las necesidades del cliente. Aquí hay algunos pasos que puedes seguir para cerrar una venta con éxito:

1. Reafirma el valor: Antes de cerrar la venta, reafirma el valor del producto o servicio destacando cómo resolverá los problemas o satisfará las necesidades del cliente. Recuerda los beneficios clave y las características distintivas que hacen que tu oferta sea única.

2. Resuelve objeciones: Si el cliente plantea objeciones o preocupaciones, abordarlas de manera proactiva y persuasiva.

Proporciona información adicional, ofrece garantías o soluciones alternativas para superar las objeciones y ayudar al cliente a sentirse más seguro en su decisión de compra.

3. Haz una oferta irresistible: Ofrece incentivos adicionales o promociones especiales para hacer que la oferta sea aún más atractiva para el cliente. Esto puede incluir descuentos, bonificaciones, regalos u ofertas de tiempo limitado que aumenten el valor percibido de la compra.

4.Pregunta por el cierre: Una vez que hayas resuelto las objeciones y el cliente esté listo para tomar una decisión, pregunta directamente por el cierre. Utiliza preguntas de cierre efectivas, cómo "¿Está listo para proceder con la compra?" o "¿Cómo le gustaría pagar?"

5. Ofrece opciones de compra: Si es posible, ofrece al cliente opciones de compra para que pueda elegir la que mejor se adapte a sus necesidades y preferencias. Esto puede incluir diferentes paquetes, planes de financiamiento o métodos de entrega.

6. Crea un sentido de urgencia: Utiliza técnicas de creación de urgencia para motivar al cliente a tomar una decisión de compra en el momento. Esto puede incluir ofertas de tiempo limitado, existencias limitadas o promociones exclusivas que expiren pronto.

7. Confirma la venta y sigue adelante: Una vez que el cliente haya aceptado la oferta, confirma la venta y asegúrate de que entiendan los próximos pasos. Proporciona detalles sobre el proceso de pago, la entrega o cualquier otra información relevante para completar la transacción con éxito.

8. Agradece y sigue el seguimiento: Después de cerrar la venta, agradece al cliente por su negocio y sigue el seguimiento para garantizar su satisfacción. Esto puede incluir enviar un correo electrónico de agradecimiento, realizar una llamada de seguimiento o solicitar comentarios sobre su experiencia de compra.

Mantener la Relación a Largo Plazo
Para mantener una relación a largo plazo con tus clientes, es importante seguir algunos consejos clave:

1. Proporciona un excelente servicio al cliente: Ofrece un servicio al cliente excepcional en cada interacción. Responde rápidamente a las consultas, soluciona problemas de manera efectiva y muestra empatía y cortesía en todas las interacciones.

2. Comunica de manera regular: Mantén una comunicación regular con tus clientes para mantenerlos informados sobre nuevos productos, ofertas especiales o actualizaciones relevantes. Esto puede incluir boletines informativos por correo electrónico, publicaciones en redes sociales o llamadas de seguimiento periódicas.

3. Ofrece valor adicional: Busca oportunidades para proporcionar valor adicional a tus clientes más allá de tus productos o servicios básicos. Esto puede incluir recursos útiles, consejos prácticos o eventos exclusivos que ayuden a satisfacer sus necesidades y fortalezcan la relación.

4. Sé proactivo: Anticípate a las necesidades y preocupaciones de tus clientes y ofrece soluciones proactivas antes de que surjan problemas. Esto demuestra tu compromiso con su éxito y muestra que te preocupas por su bienestar.

5. Sé transparente y honesto: Mantén la transparencia y la honestidad en todas tus interacciones con los clientes. Comunica claramente los términos y condiciones, admite cualquier error o problema y trabaja para resolverlos de manera efectiva.

6. Solicita retroalimentación: Pide regularmente la opinión de tus clientes sobre su experiencia y cómo puedes mejorar. Valora sus comentarios y utiliza sus sugerencias para hacer ajustes que mejoren la calidad de tu servicio.

7. Establece relaciones personales: Trabaja para establecer relaciones personales con tus clientes, conociendo sus nombres, intereses y preferencias. Esto crea un sentido de conexión y familiaridad que fortalece la relación a largo plazo.

8. Mantén tus promesas: Cumple con lo que prometes y hazlo de manera consistente. La confiabilidad y la consistencia son fundamentales para construir confianza y mantener relaciones duraderas con los clientes.

Al seguir estos consejos y dedicar tiempo y esfuerzo a cultivar relaciones sólidas con tus clientes, podrás mantener la lealtad a largo plazo y construir una base sólida para el éxito continuo de tu negocio.

En las ventas, el poder de las palabras es inmenso. Las palabras adecuadas pueden influir en las percepciones, generar confianza y cerrar acuerdos exitosos. Me gustaría mencionar algunas palabras claves que son fundamentales para una comunicación efectiva en el proceso de ventas y cómo utilizarlas de manera estratégica para alcanzar el éxito.

"Valor"
La palabra "valor" es fundamental en el mundo de las ventas, ya que destaca los beneficios y ventajas que ofrece un producto o servicio. Al comunicar el valor de lo que se está vendiendo, es importante destacar cómo puede satisfacer las necesidades y resolver los problemas del cliente de manera efectiva.

"Solución"
Cuando los clientes buscan un producto o servicio, en realidad están buscando una solución a un problema o una satisfacción de una necesidad. Utilizar la palabra "solución" resalta cómo el producto o

servicio puede resolver los desafíos del cliente y mejorar su vida de alguna manera.

"Beneficios":
Los clientes están interesados en los beneficios que recibirán al adquirir un producto o servicio, más que en sus características o especificaciones. Es importante comunicar claramente los beneficios que ofrece lo que se está vendiendo y cómo estos beneficios mejoran la vida o el negocio del cliente.

"Experiencia"
La experiencia del cliente juega un papel crucial en las ventas. Utilizar la palabra "experiencia" resalta la importancia de ofrecer un servicio excepcional y una experiencia positiva al cliente desde el primer contacto hasta la postventa.

"Confianza"
La confianza es esencial en cualquier relación comercial. Utilizar la palabra "confianza" resalta la importancia de establecer relaciones sólidas y de generar credibilidad y seguridad en el cliente. Al comunicar confianza en el producto, en la empresa y en uno mismo como vendedor, se establece un vínculo más sólido con el cliente.

"Personalizado"
Los clientes valoran la personalización y la atención individualizada. Utilizar la palabra "personalizado" resalta cómo el producto o servicio se adapta a las necesidades específicas del cliente, lo que aumenta su percepción de valor y relevancia.

"Resultados"
Los clientes están interesados en los resultados tangibles que pueden obtener al adquirir un producto o servicio. Utilizar la palabra "resultados" resalta cómo el producto o servicio puede generar impacto y generar un retorno de inversión positivo para el cliente.

Las palabras clave en el mundo de las ventas son fundamentales para una comunicación efectiva y persuasiva. Al utilizar palabras como "valor", "solución", "beneficios", "experiencia", "confianza", "personalizado" y "resultados", los vendedores pueden destacar los aspectos más relevantes y atractivos de lo que están vendiendo y establecer conexiones más sólidas y significativas con los clientes. La elección de palabras estratégicas puede marcar la diferencia entre una venta exitosa y una oportunidad perdida, por lo que es crucial prestar atención a la forma en que nos comunicamos en el proceso de ventas.

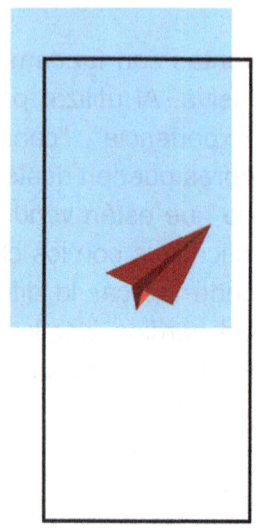

PALABRAS PROHIBIDAS EN EL MUNDO DE LAS VENTAS

UN ENFOQUE EN LA COMUNICACIÓN EFECTIVA

SI LO CREES, LO ERES

La comunicación efectiva es fundamental para establecer relaciones sólidas con los clientes y cerrar acuerdos exitosos. Sin embargo, hay ciertas palabras y frases que pueden tener un impacto negativo en la percepción del cliente y en el resultado de la venta.

"No puedo" o "No es posible"
Estas palabras transmiten una sensación de limitación y falta de compromiso por parte del vendedor. En lugar de decir lo que no se puede hacer, es importante enfocarse en encontrar soluciones alternativas o compromisos que satisfagan las necesidades del cliente. Frases como "Voy a investigar otras opciones" o "Déjame ver qué puedo hacer" muestran una actitud proactiva y orientada a resolver problemas.

"Barato" o "Económico"
El uso de palabras que sugieren bajo valor puede socavar la percepción de calidad de un producto o servicio. En su lugar, es mejor enfocarse en los beneficios y el valor que ofrece el producto. Por ejemplo, en lugar de decir "Nuestro producto es barato", se puede decir "Ofrecemos una excelente relación calidad-precio".

"Problema" o "Defecto"
Utilizar palabras que sugieren defectos o problemas puede generar preocupaciones en el cliente y disminuir su confianza en el producto o servicio. En su lugar, es mejor enfocarse en las soluciones y los beneficios que ofrece. Por ejemplo, en lugar de decir "Este producto tiene un problema con X", se puede decir "Estamos trabajando en mejorar X para ofrecer una experiencia aún mejor".

"Comprar" o "Vender"
Estas palabras pueden percibirse como demasiado directas o agresivas, lo que puede alienar al cliente. En su lugar, es mejor utilizar un lenguaje más suave y orientado al cliente. Por ejemplo, en lugar de decir "¿Quieres comprar esto?", se puede decir "¿Estás interesado en explorar cómo esto puede beneficiarte?".

"Solo" o "Solamente"
Estas palabras pueden minimizar la importancia o el valor de lo que se está ofreciendo. En lugar de enfocarse en lo que el producto o servicio no incluye, es mejor resaltar sus características y beneficios positivos. Por ejemplo, en lugar de decir "Este paquete incluye solo estas funciones", se puede decir "Este paquete ofrece una amplia gama de funciones que son especialmente diseñadas para satisfacer tus necesidades".

Las palabras que utilizamos al momento de llevar las ventas pueden tener un impacto significativo en la percepción del cliente y en el resultado de la venta. Evitar palabras que transmiten negatividad, limitación o falta de compromiso, y en su lugar, enfocarse en un lenguaje positivo, orientado al cliente y centrado en soluciones puede mejorar la comunicación y aumentar las posibilidades de cerrar acuerdos exitosos. La atención a la elección de palabras es fundamental para construir relaciones sólidas con los clientes y establecer una reputación positiva en el mundo de las ventas.

La segmentación en redes sociales es fundamental para las empresas porque permite dirigir mensajes específicos a audiencias relevantes, aumentando la efectividad de las estrategias de marketing. Al segmentar, las empresas pueden adaptar su contenido para satisfacer las necesidades e intereses de grupos demográficos o de comportamiento específicos, lo que conduce a un mayor compromiso, conversión y lealtad de los clientes. Además, ayuda a optimizar el presupuesto de publicidad al enfocarse en audiencias más propensas a convertirse en clientes.

La segmentación en redes sociales maximiza el retorno de la inversión y mejora la eficacia de la presencia en línea de una empresa.

Ejemplo: Para una *empresa de pastelería*, la segmentación en redes sociales puede ser crucial para llegar a su audiencia de manera efectiva. Aquí tienes algunos consejos para segmentar en redes sociales:

1. **Segmentación demográfica:** Identifica características demográficas clave de tu audiencia, como edad, género, ubicación y estado civil. Esto te ayudará a personalizar tus mensajes según las preferencias de tu público objetivo.

2. **Intereses y comportamientos:** Examina los intereses y comportamientos de tus seguidores en redes sociales. ¿A qué tipo de contenido responden mejor? ¿Qué productos o servicios han mostrado interés en el pasado? Utiliza esta información para adaptar tus publicaciones y promociones.

3. **Eventos y ocasiones especiales:** Considera segmentar tu audiencia en función de eventos y ocasiones especiales, como cumpleaños, aniversarios o celebraciones estacionales. Ofrecer promociones específicas para estas ocasiones puede aumentar la relevancia y el compromiso de tu contenido.

4. **Niveles de compromiso:** Segmenta tu audiencia en función de su nivel de compromiso con tu marca. Por ejemplo, puedes dirigirte a seguidores leales con ofertas exclusivas o contenido detrás de escena, mientras que puedes ofrecer incentivos especiales para atraer a nuevos seguidores.

5. **Localización geográfica:** Si tienes múltiples ubicaciones o atiendes a clientes en áreas específicas, considera segmentar tu audiencia por ubicación geográfica. Esto te permitirá personalizar tus mensajes según las preferencias y necesidades locales.

6. **Comportamiento de compra:** Analiza el comportamiento de compra de tus clientes para identificar patrones y preferencias. Segmenta tu audiencia en función de sus hábitos de compra pasados, como la frecuencia de compra, el valor promedio del pedido y los productos o categorías de productos preferidos.

Al aplicar estos consejos de segmentación en redes sociales, podrás maximizar el impacto de tu estrategia de marketing y llegar de manera más efectiva a tu audiencia objetivo como empresa de pastelería.

Para la venta de Bienes Raíces en Facebook, la segmentación efectiva es clave para llegar a clientes potenciales interesados en la compra de propiedades. Aquí hay algunas estrategias de segmentación específicas para este tipo de negocio:

1. Ubicación geográfica: Segmenta a tu audiencia según la ubicación geográfica para dirigirte a personas que estén buscando propiedades en áreas específicas donde trabajas. Esto te permitirá mostrarles propiedades relevantes en su ubicación deseada.

2. Demografía: Utiliza criterios demográficos como edad, género, ingresos y estado civil para dirigirse a grupos específicos que se ajusten al perfil de compradores de bienes raíces en tu mercado objetivo.

3. Intereses y comportamientos: Segmenta a tu audiencia en función de sus intereses y comportamientos relacionados con la compra de bienes raíces, como la búsqueda activa de viviendas, la participación en grupos de bienes raíces en línea o la interacción con contenido relacionado con el mercado inmobiliario.

4. Etapa del proceso de compra: Dirígete a audiencias que se encuentren en diferentes etapas del proceso de compra de vivienda, como aquellos que están en busca activa de propiedades, aquellos que están considerando opciones o aquellos que ya están listos para comprar.

5. Ingresos y capacidad de compra: Segmenta a tu audiencia en función de su capacidad de compra, utilizando criterios como ingresos familiares, historial crediticio o comportamiento de compra previo.

6. Propiedades anteriores: Dirígete a personas que han mostrado interés en propiedades similares en el pasado o que han interactuado con anuncios o listados de bienes raíces en Facebook.

Al utilizar estas estrategias de segmentación en Facebook para la venta de bienes raíces, podrás llegar de manera más efectiva a clientes potenciales interesados en la compra de propiedades y aumentar tus oportunidades de éxito en el mercado inmobiliario.

APRENDER A DAR ANTES DE RECIBIR.
LA IMPORTANCIA DEL DAR EN EL MUNDO EMPRESARIAL

SI LO CREES, LO ERES

La mentalidad de "dar antes de recibir" se ha convertido en un principio fundamental para el éxito tanto a nivel personal como profesional. Me gustaría compartir un poco de la importancia de saber dar en el mundo empresarial y cómo esta actitud puede conducir a relaciones más sólidas, oportunidades de crecimiento y un mayor impacto en el mercado.

1. Construcción de Relaciones Duraderas:
El acto de dar, ya sea conocimientos, recursos, apoyo o tiempo, es fundamental para construir relaciones duraderas y significativas en el mundo empresarial. Cuando nos enfocamos en ayudar a los demás y agregar valor a sus vidas o negocios sin esperar nada a cambio, creamos conexiones auténticas y establecemos una base sólida para colaboraciones futuras.

2. Generación de Confianza y Credibilidad:

El dar de manera desinteresada es una poderosa manera de generar confianza y credibilidad en el mercado. Cuando las personas y las empresas demuestran su compromiso con el bienestar de los demás y están dispuestas a ayudar sin esperar beneficios inmediatos, se ganan la confianza y el respeto de sus clientes, socios y colegas.

3. Creación de Oportunidades de Networking:

El acto de dar puede abrir puertas a nuevas oportunidades de networking y crecimiento profesional. Al ofrecer ayuda, consejos o recursos a otros en nuestra red profesional, estamos sembrando semillas para futuras colaboraciones, asociaciones o incluso oportunidades laborales.

4. Fomento de la Colaboración y la Innovación:

Cuando adoptamos una mentalidad de dar antes de recibir, fomentamos un ambiente de colaboración y apoyo mutuo en el lugar de trabajo. Esto crea un entorno propicio para la innovación, donde las ideas pueden ser compartidas libremente y se pueden encontrar soluciones creativas a los desafíos empresariales.

5. Impacto Positivo en la Comunidad:

El dar no solo beneficia a individuos y empresas, sino también a la comunidad en general. Las empresas que se comprometen a devolver a la comunidad a través de donaciones, voluntariado o iniciativas de responsabilidad social corporativa no solo mejoran su reputación, sino que también contribuyen al bienestar y desarrollo de la sociedad en su conjunto.

Aprender a dar antes de recibir es una estrategia poderosa que puede llevar al éxito. Al adoptar una mentalidad de generosidad y compromiso con el bienestar de los demás, construimos relaciones sólidas, generamos confianza y credibilidad, creamos oportunidades de networking, fomentamos la colaboración y la innovación, y contribuimos al bienestar de la comunidad en general. En última instancia, el dar no solo beneficia a los demás, sino que también nos enriquece a nosotros mismos, tanto a nivel personal como profesional.

"Descubre el verdadero poder que reside en dar antes de recibir: es la semilla que siembras para cosechar abundancia, gratitud y conexiones genuinas en tu camino hacia el éxito."

PARA LAS PERSONAS QUE DESEAN ALCANZAR EL ÉXITO

Para las personas que desean alcanzar el éxito abriendo una empresa desde cero, la motivación puede ser un factor crucial para superar los desafíos y perseguir sus objetivos con determinación. Aquí hay algunas fuentes de motivación que pueden ayudar:

1. Pasión por el proyecto: Enfocarse en lo que te apasiona y en tus intereses personales puede ser una fuente poderosa de motivación. Al iniciar tu propia empresa, tienes la oportunidad de trabajar en algo que realmente te importa y te entusiasma.

2. Visión clara del éxito: Tener una visión clara y definida del éxito puede proporcionar la motivación necesaria para superar los obstáculos en el camino. Visualiza el tipo de empresa que deseas construir y los logros que esperas alcanzar.

3. Desafío personal: Muchas personas encuentran motivación en desafiarse a sí mismas y superar obstáculos. Ver el proceso de construir una empresa desde cero como un desafío personal puede inspirarte a dar lo mejor de ti y a perseverar incluso cuando las cosas se pongan difíciles.

4. Independencia y libertad: La perspectiva de ser tu propio jefe y tener control sobre tu propio destino puede ser una poderosa fuente de motivación. La idea de tener libertad para tomar decisiones y crear tu propio camino puede ser increíblemente inspiradora.

5. Impacto y legado: Muchos emprendedores se sienten motivados por el deseo de hacer una diferencia en el mundo y dejar un legado duradero. La oportunidad de impactar positivamente a otras personas a través de tu empresa puede proporcionar un sentido profundo de propósito y satisfacción.

6. Apoyo de seres queridos: Contar con el apoyo y el aliento de amigos, familiares y seres queridos puede ser una fuente invaluable de motivación. Busca el apoyo de personas que crean en ti y en tu visión, y encuentra inspiración en su confianza en tu capacidad para tener éxito.

7. Aprendizaje y crecimiento personal: Ver el proceso de construir una empresa como una oportunidad para aprender y crecer puede ser una fuente de motivación en sí misma. Cada desafío y obstáculo que enfrentes te brindará la oportunidad de desarrollar nuevas habilidades y superar tus límites personales.

Al mantener estas fuentes de motivación en mente y recordar por qué decidiste emprender el viaje de construir tu propia empresa desde cero, podrás mantener la determinación y la perseverancia necesarias para alcanzar el éxito.

Disfruta el proceso, levántate una y otra vez, no importa lo que pase, no dejes de intentarlo y perseguir tus sueños.

Un día, mi mejor amigo llamado Kelton Sirias me mencionó una frase que él había escuchado la cual decía: *"No tengo miedo de morir, sino a no haber vivido"*
Lo que me lleva a la siguiente pregunta para ti: ¿Estás viviendo la vida que deseas? ¿Hoy trabajas por lo que deseas? ¿Lo que haces hoy te llevaran a donde deseas estar en un futuro?

Deja de procrastinar y sigue tus sueños, trabaja por ellos, inicia ese negocio que tanto quieres, invierte en tu educación, toma pausa y comienza a conocer tus habilidades, lo que hay en tu interior y aprovéchalo.

Quiero decirte esto y presta mucha atención:

Te dirán loco, te dirán que no se puede, qué eso no es para ti, que no estás preparado, que vas a fallar y que lo perderás todo, esos comentarios van a sobrar, y lamentablemente no serán de personas lejanas, muchas veces vendrán de tus amigos, de tu familia y de los más cercanos.

Vas a llorar, vas a sentir que no puedes más, vas a sentir ganas de renunciar muchas veces, pero es parte de. Solo puedo decirte que vale la pena, vale la pena cada intento, te harán fuerte, te enseñarán a ser mejor cada día.

Cuando sientas que estás saturado, que tu mente está por estallar, es momento de darte unos minutos, alejarte de todo, salir a tomar un café y vaciar tu mente, te prometo que esto te ayudará a estar mejor.

Arriesga y arriesga hasta lograrlo, hay una frase que siempre menciono *"Soñamos muy grande para lo poco que sacrificamos"*

Esto es para valientes, para personas que no quieren ser uno más en el mundo, esto es para los que odian el sistema, para los que no se conforman, para los que quieren conquistar el mundo.

Querido lector, si llegaste hasta aquí, estás listo para cambiar tu vida, este libro fue hecho exclusivamente para ti, comparte todo lo que hemos aprendido. Enseñar es la mejor manera de aprender.

"La clave para salir adelante es comenzar. Encuentra la motivación en tus sueños y conviértelos en tu combustible para alcanzar el éxito."

Made in the USA
Coppell, TX
09 April 2024

31051478R00079